临床护理手册系列

五官科临床护理手册

高荣花 赵 莉 刘 丽 总主编

王欣淼 秦占芬 主编

河北科学技术出版社

图书在版编目（CIP）数据

五官科临床护理手册/王欣淼，秦占芬主编.—石家庄：河北科学技术出版社，2009.10
ISBN 978-7-5375-2605-0

Ⅰ.五… Ⅱ.①王…②秦… Ⅲ.五官科学：护理学—手册 Ⅳ.R473. 76-62

中国版本图书馆CIP数据核字（2009）第188063号

五官科临床护理手册
王欣淼　秦占芬　主编

出版发行　河北科学技术出版社
地　　址　石家庄市友谊北大街330号（邮编：050061）
印　　刷　石家庄市红旗印刷厂
经　　销　新华书店
开　　本　850×1168　1/32
印　　张　8.75
字　　数　208000
版　　次　2010年 1月第1版
　　　　　2010年 1月第1次印刷
定　　价　17.00元

《临床护理手册》丛书编委会

《五官科临床护理手册》编委会

前言 QIANYAN

护理工作是医疗卫生事业的重要组成部分，随着我国经济、文化的发展和人民群众对健康需求的不断增长，护理工作的专业范围已经拓展到“预防疾病、保护生命、减轻痛苦、促进健康”等方面，其在医疗、预防、保健、康复等工作中的作用日益突出。因此，规范护理人员的职业行为、提高专业技术能力成为护理管理者和护理工作者不断加强和势在必行的事情。为此，河北省卫生厅护理质量管理控制中心和河北省护理学会组织省内从事临床护理工作的技术骨干编写了这套《临床护理手册》。本丛书旨在指导各科护士的专业护理工作，随时解决在对各种疾病实施护理中遇到的问题，使专科疾病的护理日趋科学、规范、标准，从而促进护理质量的提高。

本套丛书包括《内科临床护理手册》、《外科临床护理手册》、《妇产科临床护理手册》、《儿科临床护理手册》、《五官科临床护理手册》5个分册，涵盖了413种疾病的专科护理常规、120项专科常用技术操作规程、46项专科常用设备使用程序，项目齐全，内容丰富，有不少还是临床新开展的技术项目。

《临床护理手册》丛书在编写过程中，依据了目前我国高等护理的专科护理教材，结合了临床工作需要，体现了“贴近临床、贴近患者、方便护士”的原则。疾病护理的内容包括：疾病概述、临床表现、评估要点、护理诊断（问题）、护理措施、应急措施和健康教育；常用护理技术操作规程的内容包括：操作的目的、用物、操作程序和注意事项；常用仪器的使用内容包括：目的、操作步骤、注意事项。所有的内容都体现出以患者为中心的整体护理理念，条理清楚，简明扼要，安全实用，有较高的学术性、可操作性。本套丛书既可作为对护士进行专业培训和技术考核的教材，也可作为在校学生、临床护理工作者为提高自身的专业护理技能而经常学习查阅的参考书。

参加本书编写的人员大多是三级甲等医院中多年从事临床护理工作的技术专家和骨干，他们总结了多年的工作经验，高质量地完成了所承担的编写任务。但是，由于经验有限，书中难免存在疏漏和不足之处，诚望广大读者和护理同仁批评指正，并将发现的问题和缺点及时反馈给我们，以便再版时修正。

河北省护理学会

目录 MULU

第三篇 眼、耳鼻喉、口腔科常用仪器的使用

第一篇

Y 眼、耳鼻喉、口腔科疾病的护理

YAN ERBIHOU KOUQIANGKE JIBING DE HULI

第一章 眼科疾病的护理

第一节 眼科外眼手术前后的护理

外眼手术常规护理

【外眼手术前护理】

外眼手术包括眼睑、眼肌、泪囊、结膜、眼眶等手术。

外眼手术通常在门诊手术室进行，在预约手术日护士应对患者进行初步的护理评估，并进行护理指导。

1. 一般资料：姓名、性别、年龄、体重、体温、脉搏、血压等。

2. 临床资料：疾病诊断，手术名称，出凝血时间，乙肝表面抗原，药物过敏史，既往史如高血压、糖尿病病史等。

3. 心理护理：术前主要的护理诊断是焦虑和恐惧，可能与手术相关的医学知识缺乏，对手术效果信心不足或对医护人员信任度不够，或受过去手术的负面影响等有关，护士应主动热情地与患者沟通，向其交代手术时间、手术方式及注意事项，了解其心理问题，针对具体问题给予解答，消除其紧张心理，密切配合手术。

4. 术前准备

（1）简单自我介绍。

（2）告知手术时间并记录在手术预约单上。

（3）告知患者术前 3d 开始给术眼滴抗生素眼药水，每日 4～6 次，以清洁结膜囊，避免术后感染，并示范眼药水的正确滴用方法，说明注意事项。

（4）告知术日晨清洗面部，不化妆，不佩戴耳环、手镯等饰品。

（5）术日再次检查患者有无咳嗽、感冒及鼻部、眼部炎症，进行结膜囊冲洗，嘱患者术前排空大小便。

【外眼手术后护理】

1. 术后应卧床休息，观察眼部敷料有无渗血、绷带松紧情况。

2. 给予普食或半流食。

3. 术后遵医嘱全身应用抗生素，必要时给予止痛剂和镇静剂。

4. 门诊手术者嘱患者按医嘱及时用药和门诊随访。

上睑下垂的护理

上睑下垂是指上睑部分或全部不能提起所造成的下垂状态，即在双眼向前方注视时上睑缘遮盖角膜上部超过 2mm。轻者不遮盖瞳孔，只影响外观；重者部分或全部瞳孔被遮盖，则妨碍视功能，甚至造成弱视。

【临床表现】

1. 先天性上睑下垂常为双侧，出生时睑裂不能睁开至正常大小，伴视力障碍及弱视，常有抬头仰视、皱眉、耸肩等现象。此外，还可伴有眼睑发育异常。

2. 后天性上睑下垂多为单侧，有相关病史或伴有其他症状，如动眼神经麻痹或伴有其他眼外肌麻痹，提上睑肌损伤有外伤史，交感神经损害有 Horner 综合征，重症肌无力所致上睑下垂具有晨轻夜重的特点，注射新斯的明后明显减轻。

【评估要点】

1. 一般情况：评估生命体征有无异常，询问健康史、过敏史、家族史，有无外伤、感染、肿瘤等全身病史，患者对所患疾病是否认知。

2. 专科情况

（1）询问上睑下垂开始的时间。

（2）评估上睑下垂的程度，有无遮盖瞳孔及遮盖程度。

（3）评估视力情况，有无弱视。

（4）评估有无仰面俯视、额纹加重等，重症肌无力患者，晨轻暮重，频繁眨眼后出现上睑下垂加重等现象。

（5）评估肌内注射新斯的明后上睑下垂症状有无减轻。

（6）评估眼部有无其他先天异常，如内眦赘皮、小睑裂、眼球震颤等。

3. 实验室及其他检查：患眼视力检查可见不同程度的远视力下降，屈光检查存在屈光不正等。

【护理诊断】

1. 自我形象紊乱、长期自我贬低：与上睑下垂影响美容有关。

2. 社交障碍、社交孤立和孤独的危险：与面容缺陷影响情绪有关。

3. 功能障碍性悲哀：与提上睑肌功能障碍引起心理紊乱有关。

【护理措施】

1. 按外眼手术前护理常规准备，不需剪眼睫毛，如行额肌悬吊术，需剃眉毛。

2. 做好心理护理工作，与患者多交流进行心理疏导，使其能正确对待疾病，鼓励其树立战胜疾病的信心，正确对待疾病，消除自卑心理。

3. 先天性上睑下垂宜尽早行手术矫正，尤以单眼患病者更应注意，以防形成弱视。若伴有其他眼部发育畸形，应尽量同时矫正。

4. 后天性上睑下垂，应积极查找病因并针对病因治疗。半年以上查不到病因，药物治疗无效时再考虑手术。

5. 上睑下垂矫正术后，应注意睑裂闭合状态、角膜暴露情况，及时采取护理措施以防发生暴露性角膜炎，如应用湿房眼罩等。

【健康教育】

1. 定期门诊复查，注意角膜暴露情况，防止发生暴露性角膜炎。

2. 单眼先天性上睑下垂患儿手术矫正后发现已经弱视者，告知家属继续坚持弱视治疗。

泪囊炎的护理

泪囊炎是泪囊黏膜的卡他性或化脓性炎症，可分为慢性泪囊炎、急性泪囊炎和新生儿泪囊炎。临床上以慢性泪囊炎较常见，多见于老年女性。急性泪囊炎多在慢性泪囊炎基础上急性发作。新生儿泪囊炎多在出生 6 周后发病。

【临床表现】

1. 慢性泪囊炎：主要症状为溢泪和流脓。泪囊区囊样隆起，压迫有黏液或脓性分泌物自泪小点溢出；可见结膜充血，下睑皮肤出现湿疹。

2. 急性泪囊炎：泪囊区皮肤充血、肿胀，触之坚硬并有压痛，炎症可蔓延到眼睑、鼻根及面颊部，严重时可见全身发热等症状。

3. 新生儿泪囊炎：多在出生 6 周后出现溢泪和眼分泌物增

多，挤压泪囊区有明胶样黏液或黄白色脓液自泪小点溢出。

【评估要点】

1. 一般情况：评估生命体征有无异常，询问患者健康史、过敏史、家族史，以及有无高血压、糖尿病等全身病史，患者对疾病是否认知。

2. 专科情况

（1）评估患者有无泪道外伤史、沙眼、鼻炎、鼻窦炎、鼻甲肥大、鼻息肉、鼻中隔偏曲等病史。

（2）评估有无溢泪、流脓，内眦部皮肤是否发生糜烂、粗糙、肥厚、湿疹，泪囊区有无肿胀等。

（3）压迫泪囊区有无黏液或脓性分泌物自泪小点溢出；泪道冲洗是否通畅，有无分泌物；评估分泌物的性质及量、流出情况等。

（4）急性泪囊炎患者评估有无慢性泪囊炎病史，泪道冲洗、泪道探通损伤史；泪囊区皮肤有无充血、肿胀、压痛，眼睑、鼻根、面颊及对侧内眦部皮肤情况，耳后淋巴结有无肿大、压痛，全身有无发热等。

（5）新生儿泪囊炎评估患儿出现溢泪的时间，有无分泌物，分泌物的性质和量等。

3. 实验室及其他检查：患侧行泪道冲洗不通畅，可见量不等、性状不一的分泌物。分泌物细菌学检查可见致病菌，X线泪道造影检查可确诊等。

【护理诊断】

1. 泪溢：与鼻泪管阻塞有关。

2. 有感染的危险：有角膜溃疡和眼内感染的可能。

3. 疼痛、泪囊区皮肤红肿：与急性炎症有关。

4. 恐惧：与害怕手术有关。

5. 知识缺乏：缺乏泪囊炎防治知识。

【护理措施】

根据临床分型的不同，泪囊炎的治疗方法不同。

1. 慢性泪囊炎治疗目的在于恢复泪道的通畅。早期应用抗生素眼药水滴眼，每日4～6次，滴眼前注意先挤出泪囊分泌物；每日或隔日用生理盐水或抗生素溶液行泪道冲洗，注意反复冲洗至冲洗液清亮无脓液后再注入抗生素溶液；经上述治疗泪道分泌物消除后，可在局麻下行泪道探通术。

2. 病程长或经上述治疗无效，全身情况良好者可行鼻腔泪囊吻合术，目的是将泪囊和中鼻道黏膜通过一个人造的骨孔进行吻合重建泪液引流道，消除患者溢泪流脓的症状；年老体弱及鼻腔有疾患不能行此手术者，为防止角膜及眼内发生感染，可行泪囊摘除术，需注意向患者及家属说明手术目的在于消除感染病灶，但溢泪症状可能依然存在。

3. 围术期护理

（1）一般护理按外眼手术术前护理常规进行。

（2）术前3d滴抗生素眼药水，用抗生素溶液行泪道冲洗，冲洗前用手垫以棉片轻轻挤压泪囊排出脓液。

（3）术前1d用1%麻黄碱滴鼻，每日3次，以收敛鼻腔黏膜，利于引流和预防感染。

（4）术后取半坐卧位，有利于伤口渗血和积液的引流，减少出血；如遇鼻腔出血量多流入咽部时，嘱其将血液吐出勿咽下，以便观察出血量，可行面颊部冷敷，通知医生及时处理。鼻腔泪囊吻合术后注意鼻腔填塞物的位置正确，以达到压迫止血的目的，嘱患者不可牵拉填塞物或用力擤鼻。

（5）鼻腔内填塞物一般3～5d抽出，并滴1%麻黄碱每日3次。术后第3天开始泪道冲洗以保持泪道通畅。

（6）手术当天勿进过热饮食，以温凉为宜。

4. 急性泪囊炎的治疗早期应热敷、理疗，全身应用抗生素。

急性期切忌泪道探通或泪道冲洗，以免导致感染扩散。脓肿形成（皮肤触诊有波动感）时应切开排脓，禁忌挤压，尽量保持泪囊壁完整，以备炎症消退后做鼻腔泪囊吻合术。脓肿未形成时忌切开。急性炎症消退后积极治疗慢性泪囊炎。

5. 新生儿泪囊炎的治疗在于指导患儿母亲泪囊局部按摩方法：置患儿于立位或侧卧位，用一手拇指压迫内眦部，另一手食指压迫泪囊处，沿鼻泪管方向自上向下按摩，按摩后滴抗生素眼药水，每日 2~3 次，促使残膜破裂。按摩时可在泪囊部加用棉垫，既可增加压力，又可避免皮肤擦伤；操作时注意不能让分泌物进入婴儿气管内。经上述治疗 6 个月无效者再行高压泪道冲洗或行泪道探通术。

【健康教育】

1. 尽早治疗沙眼和鼻炎、鼻中隔偏曲等疾病，预防慢性泪囊炎的发生；积极治疗泪囊炎，可预防角膜炎和眼内炎等并发症的发生。

2. 慢性泪囊炎的患者结膜囊经常处于被污染状态，应嘱患者经常用抗生素眼药水滴眼，注意眼部卫生。

3. 行泪囊鼻腔吻合术的患者，向其讲解定期做泪道冲洗的意义，按要求门诊进行泪道冲洗，并合理用药。

4. 泪囊摘除术后有溢泪的患者，用干净手帕及时擦拭，勿揉眼。

斜视的护理

由于两眼不能同时注视目标，一眼注视目标时另一眼偏离目标，表现为眼位不正，称为斜视。多为眼外肌或支配眼外肌的神经功能异常所致。根据病因分为共同性斜视和非共同性斜视（麻痹性斜视）。

【临床表现】

1. 共同性斜视

（1）眼轴不平行，一眼偏斜，各方向注视斜视角均相等。

（2）遮盖健眼，眼球运动基本正常。

（3）第一斜视角与第二斜视角相等，没有复视和代偿头位。

（4）常伴有屈光不正和弱视。

2. 非共同性斜视（麻痹性斜视）

（1）眼球运动受限，一条或几条眼外肌运动受限，视轴向麻痹肌正常作用方向的对侧偏斜。第二斜视角大于第一斜视角。

（2）代偿头位（眼性斜颈），遮盖一眼则代偿头位消失。

（3）复视和眩晕，可伴有恶心、呕吐等症状，遮盖一眼症状可消失。

【评估要点】

1. 一般情况：询问患者发病时间、年龄、家族史、健康史、过敏史，有无外伤、感染、肿瘤等全身病史，对疾病是否认知。

2. 专科情况

（1）询问斜视发生的时间、有无复视、歪头及眩晕等情况。

（2）询问患者有无屈光不正和弱视。

（3）评估斜视角的度数。

（4）询问斜视发展变化的情况，有无进行治疗。

3. 实验室及其他检查：分别检查双眼视力（包括裸眼视力、矫正视力、小孔视力），以确定有无弱视，并注意有无眼球震颤。三棱镜检查测量第一眼位和各方位的斜视度，可进行6m和33cm不同距离及9个方位斜视度的检查。眼球运动检查观察双眼运动是否对称，有无运动受限或斜肌功能异常。睫状肌麻痹下检影验光检查，确定眼的屈光度。

【护理诊断】

1. 焦虑：与眼位偏斜、影响美观有关。

2. 知识缺乏：缺乏恢复斜视眼视功能的知识。

3. 感知改变：与复视、眩晕、眼外肌麻痹有关。

【护理措施】

共同性斜视和非共同性斜视临床治疗不完全一致。共同性斜视一旦确诊，应矫正屈光不正，同时治疗弱视，进行正位视训练。对于经非手术治疗半年后仍然偏斜者，应及时手术矫正眼位，增加获得双眼单视功能的机会。非共同性斜视重在帮助患者寻找引起斜视的病因，积极进行病因治疗。对于病因消除后药物治疗半年以上仍无效者可考虑手术治疗。

1. 术前护理

（1）共同性斜视多由其家属或朋友首次发现，患者常有紧张、恐惧心理，要向患者详细介绍该疾病情况，以解除思想顾虑。

（2）向患者说明一旦明确诊断，应立即进行治疗。治疗的目的，不单是为了美容，更重要的是提高斜视眼的视力，增加获得双眼单视功能的机会。

（3）儿童共同性斜视合并屈光不正、弱视者，应在验光师的指导下，根据具体情况进行戴针孔眼镜、健眼遮盖、正位视训练等治疗，嘱其在治疗过程中注意安全。

（4）非共同性斜视因眼外肌麻痹引起复视、眩晕或全身不适时，要说服患者遮盖一眼（最好健眼），以缓解症状和预防拮抗肌挛缩。

（5）非共同性斜视遵医嘱积极给予药物、针灸和理疗，以促进麻痹肌功能的恢复。

（6）为估计术后是否发生复视，术前要做三棱镜耐受试验或角膜缘牵引缝线试验，向患者说明目的，以取得配合。

（7）按外眼手术术前常规准备，需全麻者术前按全麻要求禁食、水。

2. 术后护理

（1）说明术后双眼包扎的目的是使术眼得到充分休息，防止肌肉缝线因眼球转动而被撕脱。告知患儿及家属不要自行取掉健眼敷料，或自行观察眼位矫正情况。加强生活护理，注意安全，避免意外。

（2）术日观察患者有无恶心、呕吐现象，教会患者用舌尖抵住硬腭以减轻恶心感，并解释这种情况是由于术中牵拉眼肌所致，不必惊慌。严重者遵医嘱给予止吐药。

（3）术后局部或全身应用抗生素预防感染。密切观察有无术眼分泌物增多、疼痛等感染症状，及时报告医生进行处理。

（4）术后2~5d有畏光、流泪、异物感，鼓励患者多睁眼，并保持眼周皮肤清洁。

（5）全麻患者术后取去枕平卧位，注意保持呼吸道通畅，待完全清醒后可行自主体位。

【健康教育】

1. 手术后可有轻度结膜水肿并伴有结膜下出血，一般术后15d左右吸收消退，不需处理。注意观察有无复视、眼位矫正不足、过矫等并发症的发生。有复视时避免从事驾驶、高空作业等危险性工作。

2. 定期门诊复查，复查内容包括视力、屈光度、眼位等，根据医嘱坚持进行弱视及正位视训练，以巩固和提高视力。合并屈光不正者继续佩戴眼镜。

3. 出院后按医嘱继续用药，注意保持眼部清洁卫生，避免用手揉眼或用不清洁毛巾擦眼。

眼球穿通伤的护理

眼球穿通伤是指眼球被锐利器刺破或异物碎片击穿所致。以敲击金属飞溅出的碎片击入眼内，或刀、针、剪刺伤眼球引

起眼球壁的穿通最为多见，是致盲的主要原因。按其损伤部位可分为角膜穿通伤、角巩膜穿通伤和巩膜穿通伤三类。预后和功能恢复取决于损伤的严重程度和部位，有无感染和并发症，治疗是否及时、适当等。

【临床表现】

1. 依据致伤物的大小、形态、性质，刺伤的速度，受伤的部位，污染的程度及有无眼球内异物存留，可有不同程度视力下降及眼组织损伤。

2. 角膜穿通伤常见，伤口位于角膜。伤口较小时可自行闭合，大的伤口常伴有虹膜脱出或嵌顿，前房变浅，明显的眼痛、流泪等刺激症状。如致伤物刺入较深可伤及晶状体，引起囊膜穿孔或破裂以及局限性浑浊。

3. 角巩膜穿通伤伤口累及角膜和巩膜，引起虹膜睫状体、晶状体和玻璃体的损伤、脱出及眼内出血。伤眼可有明显的眼痛和刺激症状，视力明显下降。

4. 巩膜穿通伤较少见。小的伤口易被忽略，穿孔处可能仅见结膜下出血。大的伤口常伴有脉络膜、玻璃体和视网膜损伤及玻璃体积血。常见症状有伤眼疼痛、红肿、畏光、流泪和视力下降。如伤及黄斑部可造成永久性中心视力丧失。

【评估要点】

1. 一般情况：评估生命体征有无异常，询问患者受伤过程，有无伤及全身其他部位，伤后是否进行处理及肌内注射破伤风抗毒素，健康史，过敏史，有无高血压、心脏病、糖尿病等全身疾病，患者心理的状态及对疾病的认知情况等。

2. 专科情况

（1）询问外伤发生的时间，致伤物的大小、形态、性质，刺伤的速度，受伤的部位等。

（2）评估眼部角膜、巩膜伤口大小、部位，眼内容物有无

脱出，眼底是否受损，有无玻璃体积血，眼部刺激症状是否明显，视力受损情况，是否眼痛，眼内有无异物存留等。

(3) 实验室及其他检查：视力检查患眼视力明显下降甚至失明（无光感）。裂隙灯检查可见眼部受伤情况，前房、角膜情况，对判断病情提供依据。必要时行 B 超检查、眼眶 CT 检查。

【护理诊断】

1. 感知改变：视力下降，与眼内组织损伤及眼内积血有关。

2. 疼痛：眼部疼痛，与眼内组织受损及眼压升高等因素有关。

3. 焦虑、绝望：与眼外伤后患者一时难以接受有关。

4. 组织完整性受损：与眼外伤有关。

5. 潜在并发症：外伤性虹膜睫状体炎、眼内异物、感染性眼内炎、交感性眼炎、外伤性增殖性玻璃体视网膜病变等，与眼内组织损伤有关。

【护理措施】

眼球穿通伤为眼科急症，治疗原则是及时修复伤口以恢复眼球结构的完整性，防止伤后感染和并发症。小而整齐的角膜伤口无眼内组织嵌顿，前房存在，可不缝合；大于 3mm 时，应在显微手术条件下仔细缝合；对于复杂病例采用两步手术，即初期严密缝合伤口，恢复前房，控制感染；1 ~ 2 周后再行内眼手术。

1. 术前护理

(1) 积极配合医生做好各种检查及准备工作，完成术前各项化验，24h 内肌注破伤风抗毒素 1500U，需全麻患者嘱其术前 6h 禁食、水。

(2) 术前剪睫毛，做皮试，肌内注射止血剂、镇静剂。进行眼部操作时，动作要轻柔，勿压迫眼球，切忌随意翻动眼睑。勿冲洗眼球，以防细菌进入眼内造成感染。嘱患者勿揉眼或用

力挤眼，以免加重眼内容物脱出。

(3) 做好患者及家属的心理护理，使其安定情绪。患者因突发眼部受伤，会出现焦虑、恐惧心理，担心容貌改变和视功能丧失。护士应关心、安慰患者，态度和蔼，缓解患者的情绪反应，使他（她）配合治疗。

(4) 对视功能及眼球外形恢复无望，需行眼球摘除者，应详细向患者和家属介绍手术的目的、意义及术中、术后可能出现的情况，使其能接受事实，更好地配合手术。

2. 术后护理：术日双眼包扎，应卧床休息，减少头部活动，做好生活护理。全麻术后未清醒患者应去枕平卧，头偏向一侧，保持呼吸道通畅，严密观察病情变化。

(1) 密切观察体温变化，遵医嘱全身及眼局部应用抗生素及糖皮质激素，防止感染。

(2) 术后 1～3d，如发现患者伤眼疼痛和刺激症状明显，并有剧烈头痛，视力严重下降，眼部检查球结膜水肿、充血，角膜浑浊等，应高度警惕感染性眼内炎的发生，要及时通知医生给予处理。

(3) 指导患者注意健眼情况，出现不明原因的眼部充血、视力下降、眼部疼痛等情况时，应及时报告医生。

【健康教育】

1. 加强爱眼宣教工作，严格遵守操作规程，完善护眼措施。

2. 做好儿童的安全教育，引导安全游戏，禁止玩弄危险玩具、放鞭炮等。

3. 行眼球摘除加人工骨植入手术的患者，注意结膜囊伤口愈合后，及早安装义眼片，防止结膜囊的萎缩。安装义眼的结膜囊应定期清洗，保持眼部清洁。

4. 随时注意健眼情况，谨防交感性眼炎，如有异常及时就诊。

眼内异物伤的护理

眼内异物伤是严重危害视力的眼外伤，是指异物碎片击穿眼球壁，异物存留于眼内。眼内异物伤较常见，常严重威胁患者视力。眼内异物对眼部损伤作用包括机械性损伤、化学及毒性反应、继发感染以及由此造成的后遗症等。

【临床表现】

1. 依据眼球穿通伤的损伤及眼内异物存留的部位、临床症状及体征可有不同。

2. 多伴有眼球穿通伤的症状和体征，即结膜伤口、巩膜伤口、角膜伤口、眼压降低、瞳孔变形、眼内容物脱出和视力下降等。

3. 异物可位于前房、晶状体、睫状体、前部玻璃体和眼球后段等，严重者可造成视网膜的损伤。

【评估要点】

1. 一般情况：评估生命体征有无异常，有无外伤史，有无全身其他部位受伤；询问患者的健康史、过敏史、家族史，有无高血压、心脏病、糖尿病等全身病史，患者对疾病是否认知。

2. 专科情况

（1）询问外伤发生的时间，致伤环境，致伤物的种类、性质和大小等。

（2）仔细检查有无眼球穿通伤的症状和体征，如结膜伤口、角膜伤口等。

（3）评估眼部伤口、眼压、视力、瞳孔有无变形、眼内容物有无脱出及眼部刺激症状。

3. 实验室及其他检查：视力检查可见患眼视力有不同程度的下降。裂隙灯检查可发现前房异物、角膜受伤情况。眼内异物定位：X 线可确定金属异物；眼部 A/B 超声波对于 X 线不易

显影的异物，区分在球内或球外常有决定意义；X 线不显影的非金属异物，以及用眼部 A/B 超声波检查难以发现的眼前部异物，可用 CT 检查。

【护理诊断】

1. 感知改变：视力下降，与眼球穿通伤及异物的存留有关。

2. 焦虑：与外伤后患者一时难以接受事实并担心预后有关。

3. 潜在并发症：虹膜睫状体炎、化脓性眼内炎、交感性眼炎等与眼球穿通伤及异物的存留有关。

【护理措施】

原则上眼内异物都要及早诊断，适时手术取出，以便保持和恢复视力。结合全身和眼局部应用抗生素和糖皮质激素，防止眼内炎。

1. 术前护理

（1）一般护理按内眼手术前护理常规准备。

（2）向患者详细介绍有关注意事项，应卧床休息，减少活动，避免异物在眼内移动。

（3）眼球内铁质、铜质异物对眼内组织有严重损害，须及早取出异物。磁性异物可用磁铁吸出。

（4）做好心理护理，消除患者的焦虑、悲观情绪，使其积极配合治疗。

2. 术后护理

（1）遵医嘱全身及眼局部应用抗生素和糖皮质激素，防止眼内炎。

（2）术后护理按内眼手术后护理常规进行。

（3）术后注意观察眼部病情变化，警惕感染性眼内炎。

【健康教育】

1. 加强卫生安全的宣传教育，完善防护措施，如戴防护面罩或眼镜。

2. 注意眼部卫生，保持眼部清洁，不用手揉眼睛。

3. 定期复查，如有视力下降、闪光感等异常情况及时就诊。

眼化学伤的护理

眼化学伤是指化学物品的溶液、粉尘或气体进入或接触眼部，引起的眼部损伤，也称眼化学性烧伤。多发生在化工厂、实验室或施工场所，其中最多见的是酸性和碱性烧伤。酸性化学伤多见于硫酸、盐酸、硝酸等；碱性化学伤多见于氢氧化钠、石灰、氨水等。

【临床表现】

根据化学性烧伤后的组织反应，可分为轻、中、重3种程度烧伤。

1. 轻度

（1）多由弱酸或稀释的弱碱引起。

（2）眼睑、结膜轻度充血、水肿，角膜上皮有点状脱落或水肿，修复后水肿消退，上皮修复，不留瘢痕。

（3）无明显并发症，视力多无影响。

2. 中度

（1）由强酸或较稀的碱性物质引起。

（2）眼睑皮肤可起水疱或出现糜烂，结膜水肿，出现小片缺血性坏死。

（3）角膜明显浑浊、水肿，上皮层完全脱落或形成白色凝固层。愈后可遗留角膜斑翳，影响视力。

3. 重度

（1）大多由强碱引起。

（2）结膜出现广泛缺血性坏死；角膜全层浑浊变白，溃疡形成，基质层溶解，造成穿孔。碱渗入前房，引起葡萄膜炎、继发性青光眼和白内障等。

（3）晚期可致眼睑畸形、眼睑外翻、眼睑内翻、睑球粘连及结膜干燥症等。

【评估要点】

1. 一般情况：评估患者生命体征有无异常，全身其他部位有无受伤，询问健康史、过敏史、家族史、工作环境、是否进行现场急救和采取的措施、对该病的治疗效果和预后是否认知。

2. 专科情况

（1）详细询问眼化学烧伤的时间，致伤物质的名称、种类、浓度、剂量、接触时间、接触面积，化学物质的温度等。

（2）评估眼周皮肤、眼睑、结膜、角膜的损伤及疼痛程度。

3. 实验室及其他检查：视力检查可见患眼视力下降甚至骤降。裂隙灯检查可见角膜浑浊、溃疡，结膜充血，前房改变。对致伤物质的性质、名称不明者，做结膜囊 pH 测定，确定是酸性还是碱性（碱性呈蓝色，酸性呈红色）。

【护理诊断】

1. 感知改变：视力下降，与化学物质引起的眼内损伤有关。

2. 疼痛：流泪、眼睑痉挛及眼部疼痛，与化学物质进入眼内有关。

3. 组织完整性受损：角膜组织损伤，与化学物质接触角膜有关。

4. 潜在并发症：角膜溃疡、虹膜睫状体炎、继发性青光眼、并发性白内障及眼睑畸形，与化学物质进入眼内有关。

5. 知识缺乏：缺乏眼化学伤的防治知识。

6. 自理缺陷：与双眼视力下降有关。

【护理措施】

1. 接诊眼化学烧伤患者后，立即用生理盐水充分冲洗，一定要注意上下穹隆部结膜有无固体化学物质。冲洗时应翻转眼睑，转动眼球，充分暴露穹隆部，将结膜囊内的化学物质彻底冲洗干净，并去除坏死组织。

2. 了解致伤物性质后可用中和液反复冲洗，碱性烧伤者可选用3%硼酸、0.5%醋酸或维生素C针剂等溶液进行冲洗；酸性烧伤者可选用2%～3%碳酸氢钠溶液冲洗；对石灰烧伤者，不宜用酸性液中和，以免钙盐沉着于角膜而影响视力，将石灰块取出后用0.5%依地酸二钠充分冲洗。

3. 根据烧伤的性质采取球结膜下注射中和剂。酸性烧伤可球结膜下注射5%磺胺嘧啶钠溶液1～2ml；碱性烧伤者球结膜下注射维生素C 1～2ml，同时可口服或静脉滴注维生素C。根据角膜受伤情况也可给予球结膜下注射自血1～2ml。为防止虹膜后粘连，用1%阿托品散瞳，每日3次。

4. 根据眼化学烧伤的程度给予对症处理。角膜上皮损伤一般经24h即可恢复，可涂抗生素眼膏预防感染并包扎；角膜损伤严重者需做角膜移植术。

5. 为防止眼球粘连，可用玻璃棒插入上下穹隆结膜进行分离，或在结膜囊内安装隔膜，并涂大量的抗生素眼膏。如果球结膜有广泛坏死，或角膜上皮坏死，应早期切除坏死组织。

6. 全身应用抗生素控制感染，局部或全身使用皮质类固醇，以抑制炎症反应和新生血管的形成。但伤后2～3周内，角膜有溶解倾向，应停用。

7. 晚期针对并发症进行治疗，如手术矫正眼睑外翻、睑球粘连，进行角膜移植等。治疗继发性青光眼、并发性白内障。

【应急措施】

一旦发生眼化学烧伤，应立即脱离接触。争分夺秒地在现场彻底冲洗眼部是处理酸、碱烧伤最重要的一步。就地取材，立即在现场用清水或其他水源冲洗眼部；或将面部和双眼浸泡在清水盆中左右摆动头部，用手翻转上下眼睑或做睁闭眼动作，以达到彻底冲洗的目的，至少30min，然后送至医院就诊。

【健康教育】

1. 加强眼化学伤防治的宣传教育和劳动保护，掌握自救互救方法。

2. 对于眼睑深度糜烂、角膜上皮全部脱落的患者，协助做好个人卫生和环境卫生，实行保护性措施，预防感染。

3. 病情稳定出院后，继续按医嘱用药，定期复查，注意结膜干燥情况及角膜上皮稳定情况，必要时进一步治疗。

4. 外出时戴防护眼镜，以免灰尘进入眼睛，避免感染。

第二节　眼科内眼手术前后的护理

【内眼手术前护理】

1. 术前要常规检查血常规、尿常规、出凝血时间、术前四项（乙肝五项、丙肝抗体测定、人免疫缺陷病毒、快速血浆反应素试验）和心电图、胸透，50 岁以上的患者要检查血糖等，以全面了解全身情况。注意有无高血压、糖尿病、发热、咳嗽、月经来潮、颜面部疖肿及全身感染症状等情况，如果存在上述情况，要及时通知主管医师，以便进行必要的治疗或延期手术。

2. 根据病情及拟行的手术向患者和家属做好术前指导工作，积极做好患者心理护理，以减少患者对手术的紧张情绪，消除恐惧心理，密切配合手术治疗。

3. 术前 3d 开始点抗生素眼药水，每日 4 ~6 次，以清洁结膜囊。术前 1d（急症手术例外）剪去术眼睫毛，冲洗泪道，做好个人卫生（理发、淋浴、剪指甲），更换干净内衣裤，需植皮者，做好供皮区皮肤清洁，剃毛，75% 酒精消毒，纱布覆盖。

4. 训练患者按要求向各方向转动眼球，以利于术中操作或术后观察治疗。

5. 告知患者术前避免吸烟、喝酒、食辛辣食物，以防止刺激气管黏膜和减少咽部分泌物，避免术中咳嗽。告知患者术中可用舌尖顶住上腭抑制咳嗽、打喷嚏，如不能抑制要告知手术医师暂停手术，以防意外。

6. 术前进普食（糖尿病患者要进食糖尿病饮食），注意保持大便通畅，防止术后并发症。术前一餐不要过饱，以免术中呕吐。全麻患者术前禁食、水。

7. 术后有体位要求的患者要提前进行卧姿训练。

8. 术日晨监测生命体征，常规进行结膜囊冲洗，结膜囊内滴抗生素眼药水，用聚维酮碘消毒眼睑皮肤，盖眼垫。

9. 按医嘱术前半小时肌内注射镇静剂、止血药，嘱患者排空大小便，更换患者服去手术室。

10. 患者去手术室后，护士应更换床单位，整理床铺，等待患者回病房。如为全麻手术，要铺好麻醉床备用，并准备全麻术后护理用物备用。

【内眼手术后护理】

1. 根据医嘱进行分级护理、饮食指导、卧位指导，嘱患者注意保持大便通畅。

2. 嘱患者安静卧床休息，头部放松，术眼加盖保护眼罩，防止碰撞。术后 2 周内防止剧烈摇头，勿大声咳嗽、用力挤压术眼等。

3. 术后 3d 内每日 4 次测试体温，监测有无发热；保持眼部敷料干燥、清洁，嘱患者勿自行拆开敷料；如敷料有渗血、移位，要及时更换眼垫，重新包扎；术眼局部有痒、疼痛或其他不适时，要观察局部切口有无出血、分泌物增多等感染症状，嘱患者不要用力挤眼或用手揉眼，以免造成伤口裂开或出血。

4. 术后数小时内患者如感觉眼痛，可按医嘱给予镇痛药。若有头痛、术眼剧烈疼痛或伴恶心、呕吐等情况时要立即通知医生处理，以防术后感染或眼压增高等并发症的发生。

5. 全麻术后患者未清醒期间，应去枕平卧，头偏向一侧，防止呕吐物误吸引起窒息。

6. 注意术后换药时所用的抗生素眼药水、散瞳剂以新启封为宜，敷料每日更换，操作严格遵守无菌技术，防止感染。

7. 根据不同眼病做好患者的健康教育和出院指导。

老年性白内障的护理

老年性白内障是最常见的后天性原发性白内障，多见于50岁以上中老年人，发病率随年龄增长而增加，故又称年龄相关性白内障。老年性白内障为双眼病，但发病可有先后，是晶状体老化后的退行性变，为多种因素作用的结果。年龄、职业、性别、紫外线辐射以及糖尿病、高血压、阳性家族史和营养状况等均是发病的危险因素。

根据晶状体开始出现浑浊的部位，老年性白内障分为3种类型：皮质性、核性、后囊下白内障。

【临床表现】

1. 双眼发病，发病有先后，严重程度不一致。

2. 视力呈渐进性无痛性减退。早期患者眼前出现固定不动的黑点，亦可有单眼复视或多视、屈光改变等症状，最后只剩光感。

3. 皮质性白内障根据病程分为四期

（1）初发期：早期无视力障碍，晶状体仅有周边部浑浊，瞳孔区透明。

（2）膨胀期（未熟期）：晶状体浑浊继续加重，视力明显减退。此期易诱发闭角型青光眼。

（3）成熟期：晶状体逐渐全部浑浊，视力仅剩眼前手动或光感，眼底不能窥入。

（4）过熟期：如果成熟期持续时间过长，晶状体皮质溶解液化变成乳汁状。核随体位变化而移位，可出现直立时视力提高，低头时，视力又突然减退的情况。

【评估要点】

1. 一般情况：评估全身情况有无异常、年龄、职业、健康史、家族史、是否进行药物治疗及药物过敏史、患者的心理状态及对疾病的认知情况等。

2. 专科情况

（1）评估有无渐进性无痛性视力下降及视力下降的程度。

（2）评估眼前有无固定不动的黑点，有无单眼复视或多视、虹视、畏光和眩光等症状。

3. 实验室及其他检查：视力检查患眼远视力不同程度下降，如视力仅有指数或手动时，应检查光感和光定位，5m 处能辨别烛光者光感正常。裂隙灯检查晶状体浑浊程度，前后囊情况，是否有脱位；角膜是否有营养不良、变性或瘢痕；有无活动性虹膜炎症及虹膜前后粘连等。眼压检查在正常范围。如可疑伴有视网膜脱离、玻璃体积血等眼科疾病可行眼科 A/B 超检查。术前应了解瞳孔散大能力，瞳孔不能散大或有瞳孔后粘连者，术中要做相应处理。散瞳后通过晶体的透明区观察眼底有无明显的视神经和眼底病变。角膜屈光度、眼轴长度检查、前房深浅，是计算人工晶体的参数。

【护理诊断】

1. 感知改变：视力减退，与晶状体浑浊有关。

2. 自理缺陷、持家能力障碍：与晶状体浑浊导致视力减退有关。

3. 潜在并发症：继发性青光眼、晶状体过敏性葡萄膜炎及晶状体脱位，与晶状体皮质吸收水分、皮质溶解液化、囊皮破裂引起晶状体蛋白进入房水中有关。

4. 社交障碍、有孤独的危险：与视力减退及性格改变有关。

5. 有外伤的危险：与视力障碍有关。

【护理措施】

白内障早期可用药物治疗，如维生素 C、维生素 E、障眼明、谷胱甘肽口服，吡诺克辛（白内停）、视明露滴眼等，可延缓病程进展；未熟期或成熟期，视力明显减退严重影响工作和生活者，白内障手术摘除加人工晶体植入是提高视力的主要治疗方法。

1. 术前护理

（1）术前护理按内眼手术前护理常规准备。根据患者自理能力，给予一定帮助。

（2）简单介绍手术时机。既往认为白内障成熟期为手术最佳时期，现在由于显微手术技术的快速发展，一般认为视力下降影响工作和生活质量即主张手术。

（3）白内障手术前要进行眼部常规检查和眼部特殊检查，向患者说明检查的目的和注意事项，取得理解和配合，争取满意的手术效果。

（4）手术方法的选择：目前临床白内障的手术方法有白内障囊内摘除术、白内障囊外摘除术、白内障超声乳化吸出术、人工晶体植入术等，根据患者的具体病情、经济状况、主观意愿等，向患者介绍各种手术方法的特点，并介绍人工晶体的价位、材质、特点等，使患者能得到更适合自己的治疗。

（5）白内障术前若出现眼痛、头痛、恶心及呕吐者，应注意是否有继发性青光眼的发生，并及时给予降眼压治疗。

2. 术后护理

（1）按内眼手术后护理常规进行护理。

（2）术后遵医嘱全身和局部应用抗生素预防感染。换药、滴眼药水时，严格执行无菌操作，密切观察局部创口有无渗血、疼痛加重、分泌物增加和视力下降等症状，全身体温有无升高，严防术后伤口感染。

(3) 手术摘除白内障后，如不能行人工晶体植入者，无晶体眼呈高度远视状态，可佩戴 +10D ~ +12D 的眼镜，以矫正视力，恢复生活自理能力和正常社交，避免伤害。

【健康教育】

1. 老年性白内障患者年龄大、视力差，家属应给予细心照顾、护理，减少外伤的发生，做好心理疏导工作，减少孤独感。

2. 定期门诊随访，按出院医嘱坚持继续用药。注意慎用散瞳剂，术前膨胀期易诱发急性闭角型青光眼，人工晶体植入术后散瞳易引起位置异常，如瞳孔夹持、偏位等。

3. 向患者及家属讲解有关护理常识，保持个人卫生，勤洗手，脸盆、毛巾等生活用具专人专用，禁止用手或不干净的物品揉眼。洗头洗澡时，不要让脏水进入眼睛等。

糖尿病性白内障的护理

糖尿病性白内障是糖尿病的并发症，是由于血糖增高导致晶状体营养失调、中毒引起的晶状体浑浊，可分为合并年龄相关性皮质性白内障和真性糖尿病性白内障。

【临床表现】

糖尿病患者的年龄相关性白内障发生率比非糖尿病患者高 4~6 倍，与普通年龄相关性白内障症状相似，但发病更早，进展更快，更易成熟。

真性糖尿病性白内障多见于严重的 I 型青少年糖尿病患者。多为双眼发病，发展迅速，可在短时间内发展为完全性白内障，常伴有屈光改变、不同程度的视力下降。

【评估要点】

1. 一般情况：询问年龄、健康史、糖尿病史、目前血糖控制情况、家族遗传史、用药情况、药物过敏史、全身情况有无异常、对自身疾病的认知、心理状况等。

2. 专科情况

（1）评估有无眼前阴影，渐进性、无痛性视力减退，以及视力减退的情况。

（2）评估有无单眼复视或多视、虹视、畏光和眩光等症状。

3. 实验室及其他检查：视力检查患眼远视力不同程度下降，如视力仅有指数或手动时，应检查光感和光定位，5m 处能辨别烛光者光感正常。裂隙灯检查晶状体浑浊程度，前后囊情况、是否有脱位；角膜是否有营养不良、变性或瘢痕；有无活动性虹膜炎症及虹膜前后粘连等。眼压检查在正常范围。如可疑伴有视网膜脱离、玻璃体积血等眼科疾病可行眼科 A/B 超检查。术前应了解瞳孔散大能力，瞳孔不能散大或有瞳孔后粘连者，术中要做相应处理。散瞳后通过晶体的透明区观察眼底有无明显的视神经和眼底病变。角膜屈光度、眼轴长度、前房深浅，是计算人工晶体的参数。

【护理诊断】

1. 感知改变：视力障碍，与晶状体浑浊有关。

2. 潜在并发症：手术后感染、出血、其他眼部并发症，与糖尿病有关。

3. 自理缺陷、持家能力障碍：与晶状体浑浊导致视力减退有关。

4. 社交障碍、有孤独的危险：与视力障碍及性格改变有关。

5. 功能障碍性悲哀：与视力障碍有关。

6. 焦虑：对视力恢复及预后表示悲观与失望，与原发病有关。

7. 知识缺乏：缺乏对糖尿病及糖尿病性白内障的防治知识。

【护理措施】

对早期白内障患者，除积极治疗原发病控制血糖外，应给予吡诺克辛（白内停）、维生素C、维生素E、维生素B_2等药物滴眼或口服，以延缓晶状体浑浊，保持有用视力。晶状体全部浑浊后应行手术治疗。

1. 术前护理

（1）术前严格按内眼手术术前护理常规准备。

（2）密切观察血糖变化，血糖控制正常后方可手术。向患者讲解治疗原发病的重要性，并针对患者的具体情况给予用药、饮食、运动等指导。

（3）详细说明糖尿病性白内障的发病原理，强调术前血糖控制在正常范围的重要性，取得患者的理解，以便积极配合治疗。

（4）认真做好患者的心理护理，协助必要的生活护理，帮助患者熟悉周围环境，鼓励患者树立战胜疾病的信心，正确对待疾病和生活，消除悲观、焦虑等不良情绪，以最佳状态接受治疗。

2. 术后护理

（1）术后一般护理按内眼手术后护理常规进行，其他同老年性白内障术后护理。

（2）因糖尿病性白内障术后易发生出血、感染，要密切观察病情和严密监测血糖变化，防止术后并发症的发生。

【健康教育】

1. 指导患者出院后坚持糖尿病饮食，合理应用降糖药，适当运动，定时监测血糖和尿糖变化，积极治疗糖尿病。

2. 告知患者定期门诊复查，按出院医嘱坚持用药。注意保持乐观心态。

先天性白内障的护理

先天性白内障为出生前即存在或出生后才逐渐形成的先天

遗传或发育障碍性白内障，是一种常见的儿童眼病，是造成儿童失明和弱视的重要原因。先天性白内障可为家族性，也可散发；可单眼或双眼发病，晶状体浑浊，形态有特征性。

【临床表现】

1. 多见于婴幼儿，多由患儿父母观察患儿时无意中发现瞳孔区发白而就诊。

2. 视力障碍程度可因浑浊发生部位和形态不同而异。有的不影响视力，有的出生后只有光感。

3. 大部分晶状体浑浊是静止的，双侧不发展。少数出生后继续发展。

4. 常合并眼部其他眼病如斜视、弱视、眼球震颤、先天性小眼球等。

【评估要点】

1. 一般情况：了解患儿的年龄，是否早产，是否有宫内缺氧，父母是否近亲婚配，有无家族史，母体孕期（尤其前 3 个月）有无感染病毒、营养失调、代谢紊乱和中毒、用药、接受放射线等情况，患儿有无全身其他先天异常。

2. 专科情况

（1）评估患儿有无瞳孔区发白。

（2）评估晶状体浑浊部位、范围及对视力的影响。

3. 眼科检查：视力检查患眼远视力不同程度下降，如视力仅有指数或手动时，应检查光感和光定位，5m 处能辨别烛光者光感正常。裂隙灯检查晶状体浑浊程度，前后囊情况、是否有脱位；角膜是否有营养不良、变性或瘢痕；有无活动性虹膜炎症及虹膜前后粘连等。眼压检查在正常范围。如可疑伴有视网膜脱离、玻璃体积血等眼科疾病可行眼科 A/B 超检查。术前应了解瞳孔散大能力，瞳孔不能散大或有瞳孔后粘连者，术中要做相应处理。散瞳后通过晶体的透明区观察眼底有无明显的视神经和眼底病变。角膜曲率半径和眼轴长度检查是计算人工晶体的参数。

【护理诊断】

1. 感知改变：与晶状体浑浊视力障碍有关。

2. 自理缺陷：与视力障碍有关。

3. 潜在并发症：斜视、弱视和眼球震颤，与晶状体浑浊影响视网膜接受光线刺激而抑制视功能发育有关。

4. 家庭应对无效：与家庭主要成员对本病缺乏防护知识有关。

【护理措施】

先天性白内障的治疗目标是恢复视力，减少弱视和失明的发生，恢复患儿适应正常生活的自理能力。

1. 对视力无影响或影响不大的静止性白内障，一般不需治疗，应随访观察。

2. 对于全白内障及其他明显影响视力者，应尽早手术治疗，最佳手术时间3~6个月，最晚不超过2岁，以免发生形觉剥夺性弱视。

3. 术前、术后护理按内眼手术前后护理常规准备和进行。

4. 选择适宜患儿的手术方式，如已发生弱视，应抓紧弱视训练治疗。

5. 对于视力差或术后效果不佳者，应给予低视力康复治疗和教育。

6. 先天性白内障者术后要尽快佩戴眼镜，矫正屈光不正，治疗弱视，并每半年验光检查，根据屈光情况更换眼镜。

【健康教育】

1. 做好社区宣教工作，搞好孕早期保健护理，注意营养合理，避免先天性白内障的发生。

2. 先天性白内障患儿应及早发现，及时治疗。对于视力差术后效果不佳者，应给予低视力康复治疗和教育。

3. 人工晶体植入术后的患儿，术后应根据医嘱定期复查，一旦发生后发性白内障应及时治疗。

4. 把相关防护知识告知家庭主要成员，使患者得到正确的家庭护理。

急性闭角型青光眼的护理

急性闭角型青光眼是一种以眼压急剧升高并伴有相应症状和眼前段组织改变为特征的眼病，又称急性充血性青光眼，为老年人常见眼病之一，多见于50岁以上的妇女，男女之比约为1∶2。多为双侧同时或先后发病，与遗传有关。

【临床表现】

多见于虹膜膨隆型的明显窄房角，由于房角关闭突然且范围较大，因此一般有眼压升高的明显表现。根据其临床发展规律，可分为4个阶段。

1. 临床前期：指具有青光眼的解剖结构特征（浅前房、窄房角等），但尚未发生青光眼的眼，一旦有促发因素存在，即可发病。

2. 发作期：根据发作的临床表现，可分为典型大发作和不典型发作。

（1）典型大发作：即急性大发作。表现为起病急和明显的眼部体征，多为一眼，亦可双眼同时发作。眼压急剧升高多在6.7kPa（50mmHg）以上，可超过10.7kPa（80mmHg），出现明显的眼痛、头痛，甚至恶心、呕吐等症状。视力明显减退，可仅存光感。球结膜水肿，睫状充血或混合充血，角膜水肿呈雾状浑浊，瞳孔扩大，对光反应迟钝或消失，前房极浅等。

（2）不典型发作：即小发作。患者仅有轻度眼部酸胀、头痛，视力影响不明显，可仅有雾视、虹视现象，角膜透明度稍减退，瞳孔反应略显迟钝等。眼压一般在4.0～6.7kPa（30～50mmHg），发作时间短暂，经休息后可自行缓解。

3. 间歇缓解期：指发作期通过及时治疗，眼压下降，病情得到暂时缓解和稳定一个相当长的时期。此期长者可1～2年或更长，短者数日内即可再次发作。

4. 慢性进展期：经过发作期和间歇缓解期的反复交替，病情进入慢性期继续发展。眼压持续升高，视力进行性减退，视野渐进性缩小，直至视功能完全丧失，无光感，症状不明显或出现顽固性眼痛、头痛，瞳孔极度散大、强直，角膜上皮水肿、知觉减退。

【评估要点】

1. 一般情况：了解患者的年龄、性别、家族史、健康史，本次发病有无诱因，如情绪激动、过度劳累、疼痛、近距离用眼过度、暗室长时间停留、局部或全身抗胆碱类药物的应用等，本次发病是否进行治疗，药物过敏史，对自身疾病是否认知等。

2. 专科情况

（1）评估有无眼痛、头痛、虹视、恶心、呕吐等症状。

（2）评估眼压升高情况。

（3）评估眼睑、角膜、结膜有无水肿、充血，瞳孔有无散大。

（4）评估视力情况，视野情况。

3. 实验室及其他检查：急性闭角型青光眼发作时视力检查可有不同程度的下降，甚至骤降，还可出现虹视、雾视等症状。眼压检查是检查青光眼的重要方法之一。眼压可明显升高，多在6.7kPa（50mmHg）以上，甚至高达10.7kPa（80mmHg），手触眼球坚硬如石。裂隙灯检查令患者注视光源，观察周边前房深度，并以此估计前房角宽度。房角镜检查根据房角结构中所能看到的部位，分为宽角和窄1、窄2、窄3、窄4。

【护理诊断】

1. 疼痛：眼痛伴偏头痛，与眼压升高有关。

2. 感知改变：视力障碍，与眼压升高致角膜水肿、视网膜及视神经遭受损害有关。

3. 恶心：恶心伴呕吐，与眼压升高致迷走神经反射刺激有关。

4. 自理缺陷：与视力障碍有关。

5. 知识缺乏：缺乏急性闭角型青光眼的防治及护理知识。

6. 焦虑：对青光眼的预后缺乏信心。

7. 有外伤的危险：与绝对期青光眼视力完全丧失有关。

8. 功能障碍性悲哀：与视力、视野损害有关。

9. 睡眠形态紊乱：与眼压升高致眼痛、头痛有关。

【护理措施】

急性闭角型青光眼一旦诊断，应根据所处的不同阶段给予相应的治疗和护理。治疗方法包括药物控制眼压，手术治疗如周边虹膜切除术、小梁切除术、激光虹膜打孔等。

1. 药物治疗护理：遵医嘱及时给予降眼压药物，待眼压正常后再行手术治疗，注意观察药物的不良反应。

（1）拟副交感神经药（缩瞳剂）：通过兴奋虹膜括约肌，缩小瞳孔可解除周边虹膜对小梁网的堵塞，使房角重新开放而降低眼压。急性发作时，患眼给予1%毛果芸香碱滴眼液，每隔5～10min 1次，持续2h；瞳孔缩小眼压降低后，改为1～2h 1次。每次点眼后注意压迫泪囊区2～3min，以免药液经鼻泪管吸收而引起全身中毒反应；如出现恶心、呕吐、流涎、多汗、腹痛、肌肉抽搐等中毒症状，应立即停药，注意保暖，通知医师给予处理。

（2）碳酸酐酶抑制剂：可减少房水的生成而降低眼压。常用乙酰唑胺口服，首次量500mg口服，以后每次250mg，每日2

次。应注意每次给药应间隔6h以上，饭后服用，定期检查尿常规。如服药后出现口周及手脚麻木，告知患者不必紧张，停药后即可消失。此药不可长期服用，可引起尿路结石、小便困难、血尿、肾区疼痛等不良反应，嘱患者少量多次饮水并停药，报告医生及时处理。

（3）β肾上腺素能受体阻滞剂：可减少房水的生成而降低眼压。常用0.25%～0.5%噻吗洛尔滴眼液，每日2次。注意心率变化，有心室传导阻滞、窦性心动过缓及支气管哮喘的患者忌用。

（4）高渗脱水剂：可在短时间内提高血浆渗透压，使眼球组织特别是玻璃体中水分进入血液，从而减少眼内容积，降低眼压。常用20%甘露醇250ml快速静脉点滴。对年老体弱或有心血管疾病者，要注意观察脉搏、呼吸、血压的变化，部分患者因药物作用颅内压降低，可出现头痛、恶心等症状，应保持平卧休息，以防发生意外。

（5）全身症状重者，可遵医嘱给予止吐、镇静、安眠药物。局部滴用糖皮质激素有利于减轻充血及虹膜炎症反应。告知患者禁用颠茄、阿托品、654－2等使瞳孔散大的药物，以免加重眼压升高。

2. 术前护理

（1）一般护理按内眼术前护理常规准备。

（2）心理护理：青光眼患者一般性情急躁易怒，对环境的变化敏感，对待患者要态度和蔼，耐心向患者解释青光眼急性发作与情绪有密切关系。要求患者保持情绪稳定，心情舒畅，积极配合治疗。

（3）生活护理：生活要有规律，保证充足的睡眠，每晚睡前可用热水泡脚，枕头要略高，以减少头部充血。注意保持大便通畅，避免用眼过度。

（4）饮食护理：注意清淡饮食，控制食盐的摄入量，避免辛辣刺激性饮食；适当限制饮水量，以一昼夜不超过 1500ml（5 ~6 杯）为宜，嘱患者少量多次饮水，每次不超过 300ml，以免血液被稀释使渗透压降低，引起眼内房水增多而导致眼压升高。

3. 术后护理

（1）按内眼术后护理常规进行。

（2）术后患者常因反应性虹睫炎或浅前房需点用散瞳药，而非手术眼需要继续用缩瞳药，此时应严格“三查七对”，避免发生用药差错。

【应急措施】

急性闭角型青光眼易急性发作，且发展较快，一旦接诊，应立即通知主治医生，遵医嘱给予迅速降眼压治疗，以减少组织损害，积极挽救视力。

【健康教育】

1. 注意保持乐观心态和情绪稳定，可听轻音乐、聊天、散步、打太极拳等，以舒缓情绪，防止抑郁，避免情绪激动诱发病情复发。

2. 生活中注意避免用眼、用脑过度，弯腰低头干活、用力搬重物，长时间呆在暗环境内、长时间看电影及电视、便秘等易引起眼压升高的因素；要注意养成良好的生活习惯，劳逸适度，睡眠充足，少量多次饮水，以免影响正常眼压调节。

3. 加强用眼卫生，不长时间阅读，室内光线要适宜，防止过强或过暗，平时要坚持按摩眼球（用拇指托住眼球下部向上按摩），按摩时动作要轻，不可重压，每次 1 ~3min，每日数次，同时要按医嘱定时滴眼药水。

4. 定期到门诊复查，观察眼压变化，按医嘱用降眼压药物，观察滤过区状态、视功能及眼压变化，并对未发病眼进行监护，如果出现眼痛、眼胀等及时就诊。

开角型青光眼的护理

开角型青光眼也称慢性单纯性青光眼。其特点是发病缓慢，症状隐匿，眼压升高但房角始终是开放的，并伴有特征性的视盘变化和视野缺损。

【临床表现】

1. 多有青光眼家族史，多数患者早期无任何自觉症状，少数患者眼压升高时，出现眼胀、雾视等症状。多双眼发病。

2. 眼压：早期眼压不稳定，波动大，随着病情发展，眼压可为轻度或中度升高，一般不出现突然升高的急性发作。

3. 眼底：早期眼底正常，随着病情发展可见典型青光眼眼底改变。

4. 视功能：视野缺损是开角型青光眼诊断和病情评估的重要指标。典型的视野改变早期为旁中心暗点、弓形暗点、向心性缩小，晚期仅存颞侧视岛和管状视野。黄斑功能受损后，可出现获得性色觉障碍、视觉对比敏感度下降及某些视觉电生理异常等。

5. 房角宽而开放，房水流畅系数降低。

【评估要点】

1. 一般情况：了解患者的年龄、性别、家族史、药物过敏史、自觉症状、患者心理状态及对疾病的认知情况等。

2. 专科情况

（1）评估患者的眼压情况、视盘损害和视野缺损情况。

（2）评估患者的房角情况。

3. 实验室及其他检查：开角型青光眼在发病早期眼前节检查可无任何改变，晚期角膜可稍发污，瞳孔稍开大，对光反应迟缓，虹膜萎缩。眼压检查需做眼压日曲线，观察眼压的波动幅度和眼压升高水平，波动幅度增大比眼压升高出现更早。对眼压日曲线中华青光眼学组暂定的测定时间是：上午5、7、10点，下午2、6、10点。眼压日差小于0.67kPa（5mmHg）者为正常，大于1.07kPa（8mmHg）者为病理性。大多数人早晨眼压最高，以后逐渐下降；夜间眼压最低，午夜后又逐渐升高。在眼压高峰时做青光眼激发试验阳性率较高，故在眼压升高前用药有利于控制眼压。

房水流畅系数（C值）降低。眼底检查见视盘凹陷扩大、加深，C/D比增大。开角型青光眼慢性眼压升高所致视野缺损早期表现为旁中心暗点、弓形暗点、鼻侧阶梯状视野缺损、扇形视野缺损等非典型性青光眼性视野缺损；进展期改变暗点加宽，向中心侧进展较慢，向周边侧进展较快，最后由鼻上象限扩展成全鼻侧视野缺损；从中期到晚期没有明显界限，晚期视野大部分丧失，仅残存5~10个中心小岛，称管状视野。

其他如视觉诱发电位、视网膜眼电图、眼底荧光血管造影等检查所见病理改变，对开角型青光眼的临床诊断有一定参考价值。

【护理诊断】

1. 感知改变：视野改变，晚期呈管状视野，与视神经纤维受损有关。
2. 自理缺陷：与视神经损害导致视力和视野改变有关。
3. 功能障碍性悲哀：与视力减退、视野缺损有关。
4. 社交障碍：有孤独的危险，与视功能障碍导致性格改变有关。
5. 焦虑、恐惧：与担心本病预后不良有关。
6. 知识缺乏：缺乏与本病有关的防治知识。

【护理措施】

开角型青光眼若用药物能将眼压控制在安全水平（指眼底

和视野改变不再进展的眼压水平)，视野和眼底改变停止进展，可试用药物治疗。药物治疗效果不理想者，再试用激光小梁成形术或手术治疗。

1. 药物治疗：可首选β肾上腺素能受体阻滞剂，常用的为0.25%～0.5%噻吗洛尔滴眼液，每日2次。房室传导阻滞、窦房结病变、支气管哮喘者禁用。

2. 拟副交感神经药（缩瞳剂)：1%～2%毛果芸香碱滴眼液，每日3～4次。注意滴眼后压迫泪囊区，防止药物吸收引起的不良反应。

3. 碳酸酐酶抑制剂：乙酰唑胺250mg，每日2次。此药不宜久用，若患者主诉有手脚、口周麻木等不适症状，要及时停药。

4. 需手术治疗者术前护理按内眼手术前护理准备。

5. 行激光小梁成形术者要向患者详细说明治疗的目的、注意事项，使患者能主动配合治疗。

6. 手术治疗后按内眼手术后护理常规进行护理。

7. 注意心理护理：护士要多与患者沟通，了解其心理活动，并争取家人和朋友的支持，使其树立战胜疾病的信心，克服自卑心理。

【健康教育】

1. 告知患者眼压的安全水平值因人而异，一定要坚持定期门诊复查，检查眼底和视野的进展情况。

2. 注意定时监测24h眼压的变化，准确了解眼压的控制情况。

3. 向患者详细讲解出院带药的使用方法、剂量、时间、继续用药的必要性，使其能坚持进一步治疗，以巩固疗效。

先天性青光眼的护理

先天性青光眼是由于胚胎期和发育期内眼球房角组织发育异常所引起的一类青光眼，多数在胎儿出生时异常已存在，但可以到青少年期才发病表现出症状和体征。根据发病年龄的早晚分为婴幼儿型青光眼和青少年型青光眼。

【临床表现】

1. 婴幼儿型青光眼：多见于3岁以内，常见症状有畏光、流泪、眼睑痉挛、眼球扩大、前房加深、角膜增大、外观呈雾状浑浊，全麻下测量眼压升高。

2. 青少年型青光眼：多在6～30岁发病，早期一般无自觉症状，发展到一定程度可出现虹视、眼胀、头痛等症状，其房角多数是开放的，视野、眼底均有改变，类似于开角型青光眼，有轴性近视，眼压升高，但波动较大。

【评估要点】

1. 一般情况：了解患儿的年龄、性别、药物过敏史，有无其他先天异常如虹膜缺损、先天性白内障、先天性心脏病等。

2. 专科情况

（1）评估患儿有无畏光、流泪、眼睑痉挛。

（2）评估患儿有无眼球扩大、角膜直径大。

（3）评估患儿的眼压情况。

（4）评估青少年型青光眼有无虹视、眼胀、头痛等情况以及视野、眼底的情况。

3. 实验室及其他检查：先天性青光眼视力检查可有不同程度受损。眼压检查升高程度差异较大，应在全麻或熟睡时测量。由于眼压的影响，角膜逐渐扩大，如超过12mm并伴有狄氏膜破裂，即可做出诊断。角膜进行性扩大是眼压未被控制的表现。裂隙灯检查见角膜水肿，开始仅角膜上皮水肿，随着病情的进展，实质层受累出现角膜浑浊，水肿随眼压的升降而增减；前房角结构发育不全、Schlemm 管及小梁闭塞或缺如。眼底检查可见视盘青光眼凹陷。

【护理诊断】

1. 感知改变：视力障碍，与视神经受损有关。

2. 自立缺陷：各种生活自理缺陷，与视力障碍有关。

3. 功能障碍性悲哀：与视力下降有关。

4. 家庭应对无效：与家庭主要成员缺乏该病的防治知识有关。

5. 潜在并发症：前房积血、眼球破裂，与眼球扩大组织变薄易受外伤有关。

【护理措施】

1. 药物治疗多不敏感，一旦确诊应及早选择手术治疗。

2. 术前护理按内眼手术前护理常规准备。

3. 全麻手术前要禁食、水 6 ~ 8h。

4. 术后护理按内眼手术后护理常规进行。

【健康教育】

1. 向家庭主要成员介绍本病的有关知识，婴幼儿出现畏光、流泪和不愿睁眼者，应尽早到医院检查。

2. 如患儿眼球明显增大，应特别注意保护眼睛，避免出现意外伤害而出现眼球破裂。

3. 对于年龄较大的患儿，正确引导，做好心理护理工作。协助患儿的生活护理，满足患儿各项生活所需，消除自卑情绪，恢复自理能力。

视网膜脱离的护理

视网膜脱离是指视网膜的神经上皮层和色素上皮层之间的脱离，可分为裂孔性、非裂孔性和牵引性三类。临床上以裂孔性视网膜脱离较为多见。

【临床表现】

1. 眼前某一固定方位的闪光感和眼前黑影飘动，视物变形。

2. 周边或中心视力下降。

3. 对应视网膜脱离区的视野缺损，并多有眼压偏低。

【评估要点】

1. 一般情况：了解患者的年龄、健康史、外伤史，是否为高度近视眼、白内障摘除术后的无晶体眼；有无中心性浆液性脉络膜视网膜病变、葡萄膜炎、恶性高血压等疾病；对所患疾病是否认知；社会心理因素评估。

2. 专科情况

（1）视力：中心视力和周边视力情况。

（2）评估有无闪光感和眼前黑影飘动，视物变形或阴影遮挡。

（3）视野缺损情况。

3. 实验室及其他检查：眼底检查可见到脱离的视网膜和裂孔。脱离的视网膜失去正常的红色反光而呈灰色或青灰色；在原发性视网膜脱离中90%以上病例可发现裂孔，裂孔呈红色，周围的视网膜呈白色或灰白色。裂孔的形状、大小和数目不定，多位于颞上侧，其次为颞下侧，在鼻侧者少见。眼压检查早期视网膜脱离面积不大时，眼压正常或稍偏低，以后眼压随脱离范围的扩大而下降；脱离范围超过一个象限者，眼压显著降低。与视网膜脱离相对应的区域可出现视野缺损。如果查不到裂孔可行眼底荧光血管造影。眼科B型超声波检查对视网膜脱离有一定的诊断价值。

【护理诊断】

1. 感知改变：视力下降及视野缺损，与视网膜脱离有关。

2. 自理缺陷：与视力下降、卧床及双眼包扎等因素有关。

3. 焦虑：与视功能损害及担心预后有关。

4. 知识缺乏：缺乏此病的防治知识。

【护理措施】

视网膜脱离的治疗原则是手术封闭裂孔。根据视网膜裂孔的大小和数量，可选择不同治疗手段。常用的术式有巩膜外垫压术、巩膜外环扎术、激光光凝、电凝或冷凝，复杂的视网膜脱离选择玻璃体切割术、气体或硅油玻璃体腔填充等手术，使视网膜复位。

1. 术前护理

（1）术前一般护理按内眼手术前护理常规准备。

（2）向患者讲解视网膜脱离的有关知识，说明充分散瞳，详细查明脱离区及裂孔的部位、大小、个数，选择适宜的术式是手术治疗成功的关键，使患者能稳定情绪，积极配合检查。

（3）嘱患者少活动，尽量卧床休息，卧位以裂孔处于最低位为原则。如右眼颞侧视网膜脱离要右侧卧位，鼻侧视网膜脱离则要左侧卧位，以防止视网膜下渗液扩散造成裂孔的扩大。同时给予佩戴针孔眼镜以限制眼球视物时活动。

（4）饮食以低盐、富含维生素为原则，保持大便通畅。

2. 术后护理

（1）手术后按内眼术后护理常规进行。

（2）卧位指导：如手术为巩膜外垫压加冷凝术，可选择自由体位，尽量少活动。如为玻璃体切割加硅油填充术（或 C_3F_8、C_2F_6 气体填充术），则体位以面向下卧位为主。目的在于使填充的硅油或气体位于上方顶住裂孔，使脱离的视网膜复位。如右眼鼻侧视网膜脱离，术后选用右侧卧位，以裂孔位于上方位为原则。

（3）心理护理：患者由于体位受限，睡眠不好，休息欠佳，往往情绪低落、焦虑，一定要向患者详细说明术后保持一定体位的意义，以取得其理解配合，争取好的手术效果。

（4）饮食护理：饮食以低盐，富含维生素、纤维素、蛋白质为主，可根据患者个人口味自由选择。注意忌烟酒，少吃或不吃刺激性食物，防止便秘。

【健康教育】

1. 出院后注意做好门诊复查，按出院医嘱继续给予眼部用药，保持眼部清洁。

2. 避免剧烈运动和重体力劳动，尤其注意避免拖、拉、提重物等用力动作。

3. 注意选择平稳的交通工具，如坐长途公交车，尽量选择坐在前部。

玻璃体积血的护理

玻璃体积血是最常见的玻璃体病变，但并非原发性疾病，多由眼内附近组织疾患或外伤血管破裂出血进入玻璃体内引起。少量玻璃体积血对视力影响不大，大量玻璃体积血不仅影响视力，而且积血长期不吸收会导致玻璃体变性及增殖性病变。

【临床表现】

玻璃体积血的临床表现和预后，因出血量的多少、出血时间长短，以及出血的原发病不同，有很大差异。

少量积血时可仅有飞蚊症，或不同程度的视物模糊。量较多时可有暗点及红视症，大量出血时视力严重下降直至无光感。

【评估要点】

1. 一般情况：评估生命体征有无异常，健康史、过敏史、家族史，有无高血压、心脏病、糖尿病等全身病史，患者对疾病是否认知，本次患病是否进行治疗等。

2. 专科情况

（1）评估患眼局部有无各种眼外伤、眼球的各种手术、视网膜静脉阻塞、视网膜静脉周围炎、视网膜脱离等。

(2) 评估视力情况及视力下降程度。

(3) 评估有无飞蚊症、闪光感、暗点等。

3. 实验室及其他检查：玻璃体出血量小者患者仅有飞蚊症感觉，出血量大时视力可突然减退甚至仅有光感。眼底检查可见玻璃体中有血性浮游物，出血量大时整个眼底不能窥入。眼科 B 型超声波检查可见玻璃体内强回声。

【护理诊断】

1. 感知改变：视力障碍，与玻璃体积血有关。
2. 焦虑：与视功能损害及担心预后有关。
3. 疼痛：眼痛伴偏头痛，与眼压升高有关。
4. 潜在并发症：视网膜脱离，与玻璃体积血机化牵拉有关。

【护理措施】

非外伤性玻璃体积血一般采取保守治疗，少量积血可迅速吸收，中等量数月方可吸收。早期给予止血药物，出血稳定后可用促进吸收的药物，经 3 ~ 6 个月积血仍不吸收者可行玻璃体切割手术；外伤性大量玻璃体积血，可在 2 ~ 3 周内行玻璃体切割手术。

1. 术前护理

(1) 认真查找出血原因，积极治疗原发病。病因不明，但能除外视网膜脱离者，应进行密切观察。

(2) 新鲜出血时给予半卧位休息，减少活动，使血液下沉，利于观察上方周边眼底。必要时包扎双眼 2 ~ 3d，以减少再次出血的机会。

(3) 遵医嘱给予酚磺乙胺、氨甲苯酸、血凝酶、三七粉等止血剂，碘化钾、普罗碘胺、沃里汀等促进积血吸收药物。

(4) 需手术者按内眼手术前护理常规准备。

2. 术后护理

(1) 术后护理按内眼手术后护理常规进行。

(2) 对于玻璃体切割术后注气或硅油填充者，术后采用低头位（面向下）2 ~4 周。护士应向患者说明保持体位的意义在于气体或硅油比重轻，使气泡或硅油顶压视网膜，避免气体或硅油与晶状体、角膜接触而诱发白内障、继发性青光眼或损伤角膜内皮，给予正确的卧位指导，使其积极配合治疗。

(3) 病情观察：疼痛是术后最常见的症状，严重者可伴有呕吐。注意观察患眼疼痛发生的时间及性质。术后 1 ~3d 密切观察眼压变化，患者如有剧烈头痛、眼痛，应及时通知医生，并给予相应处理。

(4) 饮食指导：多食蔬菜、水果和粗纤维食物，保持大便通畅，预防感冒，避免用力大便或咳嗽导致切口裂开、眼内出血、视网膜再脱离等并发症的发生。

【健康教育】

1. 硅油填充者需根据眼内情况于手术 3 ~6 个月后行硅油取出术，硅油取出前应严格保持面向下体位。

2. 患者乘坐汽车时，尽量坐在车的前部，不坐震动较大的交通工具，避免头部震荡，术后短期内不坐飞机出行。

3. 出院后仍需休息 2 ~ 3 个月，避免剧烈活动和重体力劳动。

4. 定期门诊复查，如眼前有黑影、视物变形、眼痛等及时就诊。

视网膜动脉阻塞的护理

视网膜动脉阻塞是指视网膜中央动脉或其分支阻塞，如处理不及时，终将失明。本病以 60 岁以上老年人多见，男多于女，多伴有高血压、心脏病、动脉硬化、糖尿病等全身疾病。发病突然，病情进展快，多为单眼发病，外眼表现正常。

【临床表现】

1. 视网膜中央动脉主干阻塞者表现为突然发生一眼无痛性完全失明，患眼瞳孔直接光反射消失，而间接光反射存在。

2. 分支阻塞者表现为视野某一区域突然出现遮挡。

【评估要点】

1. 一般情况：询问患者健康史，是否有高血压、糖尿病、动脉硬化、心脏病、颈动脉粥样硬化等疾病，年龄、性别，有无吸烟史、饮酒史、药物过敏史以及对疾病的认知情况和患者的情绪反应等。

2. 专科情况

（1）评估患眼视力情况，视力下降发生的速度、时间、程度，有无伴随疼痛或其他眼部不适症状，以前是否发生过类似症状。

（2）评估视野改变情况，分支阻塞者可于视野某一区域突然出现遮挡。

（3）患眼瞳孔是否散大，直接光反射情况（明显迟钝或消失），间接光反射情况（灵敏）。外眼检查多正常。

3. 实验室及其他检查：视力检查发现视力突然急剧下降仅存手动或光感。眼底检查见后极部视网膜弥漫乳白色水肿，黄斑区呈樱桃红点，视盘色淡、水肿、边界模糊。眼底荧光血管造影显示阻塞支动静脉循环时间延长，栓子堵塞处血管壁有荧光素渗漏。血流动力学检查结果显示血黏稠度增加、血流缓慢等。

【护理诊断】

1. 感知改变：突然视力丧失或视野缺损，与视网膜动脉阻塞有关。

2. 自理缺陷：与视功能障碍有关。

3. 焦虑：与视力突然下降或视野遮挡有关。

【护理措施】

1. 降低眼压：嘱患者自行按摩眼球，即闭眼用手指压迫眼球数秒，然后立即松开手指数秒，重复数次；口服乙酰唑胺以降低眼压。

2. 应用血管扩张药物：给予亚硝酸异戊酯吸入或硝酸甘油片舌下含服；妥拉唑啉、654－2 等球后注射；罂粟碱静脉输液等，以促进血管扩张。

3. 吸氧：日间给予每小时吸入 10min 的 95% 氧气和 5% 二氧化碳混合气体，夜间每 4h 吸入 1 次，能增加脉络膜毛细血管血氧含量，从而缓解视网膜缺氧状态。

4. 前房穿刺放出房水：目的是突然降低眼压，使视网膜动脉扩张，促使栓子被冲到周边小分支血管中，减少视功能的受损范围。

5. 进行全身检查，特别注意颈动脉及心脏系统以寻找病因，积极治疗全身疾病。

【应急措施】

一旦确诊为视网膜动脉阻塞，应抓紧时间治疗。遵医嘱给予亚硝酸异戊酯吸入或硝酸甘油片舌下含服、氧气吸入、球后注射血管扩张药等。

【健康教育】

1. 告知患者视网膜动脉阻塞的预后，取决于阻塞部位、程度及持续时间，使患者能积极配合治疗，同时对预后有一定的心理准备，消除紧张、焦虑情绪，保持生命体征的平稳。

2. 积极治疗全身疾病，将血压、血糖控制在正常范围之内。如有高血脂也需积极治疗，告知患者全身疾病与眼部疾病相互影响，有时眼部疾病仅为全身疾病的一个表现。

视网膜母细胞瘤的护理

视网膜母细胞瘤是儿童最常见的发生于视网膜感觉神经层的恶性肿瘤，约89%的病例发生于3岁以前，双眼发病占30%～35%，对视力和生命有严重的危害和威胁。其发病无种族、地域及性别差异。

【临床表现】

1. 5岁以内婴幼儿多见，发病较快，常见眼科症状有视力障碍等。

2. 由于视网膜母细胞瘤生长部位、生长速度和分化程度不同，临床上分为四期，表现不尽相同。

（1）眼内期：50%以上的患儿瞳孔区呈黄白色反光（猫眼样反光）而被家长发现，约20%的患儿因视力障碍表现为斜视而被发现。

（2）青光眼期：因肿瘤不断长大引起眼压升高，眼科检查可见结膜充血、角膜水肿、角膜变大、瞳孔散大，患儿疼痛、哭闹不安。

（3）眼外期：肿瘤穿破眼球壁表现为巨大肿块，并有坏死、出血及眼球突出等。

（4）转移期：肿瘤细胞可经视神经或眼球壁上神经血管的孔道向颅内或眶内扩展；或经淋巴管向附近淋巴结软组织转移；或经血循环向全身转移，最终导致死亡。

【评估要点】

1. 一般情况：了解患儿的年龄、全身情况、发病时间、有无全身和局部转移症状。

2. 专科情况

（1）评估患儿视力情况，是否有“猫眼样反光”和斜视。

（2）评估眼压、眼底情况。

3. 实验室及其他检查：眼眶 X 线检查显示患眼钙化斑，部分病例见视神经孔扩大。CT 检查见眼球内局限性密度增高不均匀的肿块，常伴有钙化斑，若肿瘤向颅内蔓延，则视神经变粗，视神经孔扩大。

【护理诊断】

1. 感知改变：视力下降，与肿瘤侵入眼内有关。

2. 疼痛：眼痛，与肿瘤生长有关。

【护理措施】

1. 首先要做好患儿家长的解释工作，向其说明视网膜母细胞瘤的性质及预后，使其对本病有正确的认识。耐心细致地做好患儿的生活护理，在保证患儿生活质量的前提下积极配合临床治疗。

2. 根据肿瘤的大小、病程、部位，选择适宜的治疗方法。早期局限于视网膜的小肿瘤，可采用激光光凝治疗或冷冻治疗；中等大小但较局限或体积较小但有局部玻璃体播散者，可选用浅层巩膜贴敷放射治疗。

3. 病变局限于眼内但超过一个象限者，以眼球摘除为首选治疗，视神经切除不少于 10mm。

4. 若肿瘤已属眼外期，则应行眼眶内容剜除术并联合放疗或化疗。

5. 晚期肿瘤已转移者，无特殊治疗方法，可适当对症治疗。

【健康教育】

1. 出院后做好患儿的生活护理，密切观察患儿术后眼部及全身情况，发现异常及时就诊。

2. 做好出院后的门诊复查，行眼球摘除术者择期安装义眼片，注意保持眼部清洁。

第二章　耳鼻喉科疾病的护理

第一节　耳部疾病的护理

外耳道炎的护理

外耳道炎分为两类，一类为局限性外耳道炎，又称外耳道疖；另一类为外耳道皮肤的弥漫性炎症，又称弥漫性外耳道炎，可分急性、慢性两种。挖耳、外伤、游泳、洗澡、化脓性中耳炎时脓液及污液的浸渍、药物刺激或全身疾病如糖尿病、贫血等均可造成外耳道皮肤局部抵抗力降低而致本病。常见的致病菌为金黄色葡萄球菌、变形杆菌、链球菌和铜绿假单胞杆菌等。

【临床表现】

1. 外耳道疖：早期耳痛剧烈，张口、咀嚼时加重，并可放射至同侧头部。多感全身不适，体温可略高。疖肿堵塞外耳道时，可有耳鸣及耳闷。查体有耳郭牵拉痛及耳屏压痛。外耳道软骨部皮肤有局限性红肿。脓肿成熟破溃后耳痛减轻。外耳道后壁疖肿可使耳后沟及乳突区红肿，需和乳突炎鉴别。

2. 弥漫性外耳道炎：急性者表现为耳痛、灼热，可流出少量分泌物。小儿表现为哭闹、不安、挠耳等。查体亦可有耳郭牵拉痛及耳屏压痛。外耳道皮肤弥漫性红肿，外耳道壁上可积聚分泌物，外耳道腔变窄，耳周淋巴结肿痛。慢性者外耳道发痒，少量渗出物。外耳道皮肤增厚、皲裂、脱屑，分泌物积存，可造成外耳道狭窄。

3. 坏死性外耳道炎：起病急，是一种特殊的弥漫性外耳道炎，耳痛多呈持续性，逐渐加重；耳流脓，如外耳道有肉芽，分泌物可呈脓血性；常引起外耳道骨髓炎和广泛性的进行性坏死，可导致颞骨和颅骨骨髓炎，并发多发性神经麻痹，以面神经麻痹最为多见。患者多为老年人和糖尿病患者，致病菌常为铜绿假单胞杆菌。

【评估要点】

1. 一般情况：评估生命体征有无异常。询问患者的既往史，有无糖尿病、贫血、内分泌紊乱、慢性便秘等病史，有无习惯性不洁挖耳史，患者的心理社会状况及对疾病的认知程度。

2. 专科情况

（1）评估患者耳瘙痒、疼痛、耳分泌物外溢的时间、性质及特点。

（2）评估患者外耳道皮肤以及耳周淋巴结情况。

3. 实验室及其他检查

（1）常规检查，了解患者的感染情况。

（2）耳分泌物做细菌培养加药物敏感试验。

（3）乳突 X 线片，与急性乳突炎进行鉴别。CT 检查可见外耳道骨部和颅底有骨质破坏。

【护理诊断】

1. 疼痛：与感染刺激有关。

2. 体温过高：与炎症所致的全身反应有关。

3. 知识缺乏：与缺乏外耳道炎防治知识有关。

【护理措施】

1. 指导患者局部使用硼酸酒精及抗生素外涂，2～3 次/日。

2. 保持外耳道干燥、清洁，可用 3% 过氧化氢液清洗，并放置无菌纱条，污染后随时更换。

3. 指导患者合理使用抗生素及止痛剂。

4. 患者出现外耳道疖肿，疖肿成熟时，须及时切开排脓，脓腔内放置引流条，每日换药。

5. 做好患者的病情解释工作，消除紧张心理。

【健康教育】

1. 指导患者不要自行挖耳，保持外耳道干燥、清洁，避免损伤外耳道皮肤。

2. 急性期及恢复期均不宜游泳。

3. 有原发病史者，积极治疗原发病，如糖尿病。

外耳道异物的护理

外耳道异物多见于儿童，成人多为挖耳或外伤时遗留小物体或昆虫侵入等。异物种类可分为动物性（如昆虫等）、植物性（如谷粒、豆类、小果核等）及非生物性（如石子、铁屑、玻璃珠等）3 类。

【临床表现】

临床表现因异物大小、种类而异。一般异物愈大、愈接近鼓膜，症状愈明显。

1. 小而无刺激的非生物性异物可不引起症状。

2. 活昆虫等动物性异物可爬行骚动，引起剧烈耳痛、噪声，甚至损伤鼓膜，使患者惊恐不安。

3. 豆类等植物性异物如遇水膨胀，阻塞外耳道，可引起耳闷胀感、耳痛及听力下降，并可继发外耳道炎。

4. 锐利坚硬的异物可损伤鼓膜。

5. 异物刺激外耳道、鼓膜偶可引起反射性咳嗽或眩晕。

【评估要点】

1. 一般情况：评估患者的生命体征有无异常，有无挖耳、将物体塞入外耳道史。询问患者的既往史，评估患者的心理社会状况及对疾病的认知程度。

2. 专科情况

（1）评估异物的种类、大小、形状、位置。

（2）评估患者外耳道皮肤及耳痛情况。

（3）评估患者鼓膜有无穿孔。

3. 实验室及其他检查：纯音测听，评估听力下降程度。

【护理诊断】

1. 疼痛：与异物刺激外耳道有关。

2. 感知改变：与听力下降有关。

3. 恐惧：与异物引起耳痛、噪声有关。

【护理措施】

1. 异物位置未越过外耳道峡部、未嵌顿于外耳道者，可用耵聍钩直接钩出。

2. 活动性昆虫类异物，先用油类、酒精滴入耳内，或用浸有乙醚的棉球塞置于外耳道数分钟，将昆虫麻醉或杀死后用镊子取出或冲洗排出。

3. 被水泡涨的豆类异物，先用95%的酒精滴耳，使其脱水收缩后再行取出。

4. 如异物较大，且于外耳道深部嵌顿较紧或幼儿患者，必要时行手术取出异物。

5. 外耳道继发感染者，应先行抗感染治疗，待炎症消退后再取异物；或取出异物后积极治疗外耳道炎。

6. 安慰患者，以取得配合。

【健康教育】

1. 指导成人不要自行挖耳。

2. 指导家长看管好婴幼儿。

3. 发现异物进入，应积极寻求专业人员的帮助，切忌自行处理以免加重病情。

鼓膜外伤的护理

鼓膜外伤系鼓膜遭受直接或间接外力损伤所致。直接损伤如硬物挖耳，取外耳道异物或耵聍栓时的鼓膜损伤；间接损伤多为空气压力急剧变化时所致，如掌击耳部、炮声冲击、潜水、咽鼓管吹张时用力过猛等。此外，颞骨纵向性骨折、外耳道昆虫性异物也可导致鼓膜损伤。

【临床表现】

1. 鼓膜在遭受各种因素损伤时，均会感到突发的耳痛、耳聋及耳鸣，有时会因内耳受震荡而出现眩晕等。

2. 耳镜检查见外耳道内有少许鲜血，鼓膜上有血痂，鼓膜穿孔多为不规则裂孔，听力检查为传导性耳聋。

3. 外耳道出血较多且伴有清水样液体溢出，应考虑有颅底骨折引起脑脊液耳漏的可能。

【评估要点】

1. 一般情况：评估患者的生命体征有无异常，询问患者的既往史，询问有无不良卫生习惯；评估患者的心理社会状况及对疾病的认知程度。

2. 专科情况

（1）耳痛情况的评估。

（2）听力状况的测定。

（3）本次发病外伤史的评估。

（4）外耳道分泌物性状的观察。

（5）有无鼓膜穿孔。

3. 实验室及其他检查

（1）纯音测听：评估听力损失情况。

（2）头颅 CT：了解颅骨骨折情况。

【护理诊断】

1. 疼痛：与鼓膜外伤致耳痛有关。

2. 有感染的危险：与鼓膜破裂处理不当有关。

3. 感知改变：与鼓膜破裂或内耳损伤致听力减退有关。

4. 知识缺乏：缺乏预防鼓膜外伤发生的知识。

【护理措施】

1. 遵医嘱应用抗生素或磺胺类药物，告知患者在伤后 3 周内勿用力擤鼻，不宜外耳道滴药，防止外耳道进水，以免继发中耳感染延误鼓膜愈合。

2. 外耳道可用 75% 酒精棉球拭净，并用消毒干棉球堵塞外耳道口。

3. 关心患者，多沟通，满足其需要。

4. 讲解鼓膜外伤相关知识。

【健康教育】

1. 加强宣传教育，禁用小木签、发卡等锐物挖耳。

2. 应小心清除外耳道异物或耵聍，必要时寻找专科医师帮助。

3. 远离爆震现场，不可避免时事先佩戴好防护耳罩或耳塞，以免损伤鼓膜。

特发性突聋的护理

特发性突聋是指突然发生的、原因不明的感音神经性听力损失。一般患者均能确切告之发生的时间、地点及情形。多为单侧发病，多见于中年人，男女发病率无明显差异。病因尚不明了，现多认为可能与内耳血供障碍或病毒感染有关，窗膜或前庭膜破裂也可能为原因之一，另外也可能与自身免疫、代谢障碍有关。

【临床表现】

1. 听力下降：为首发症状。听力一般在数分或数小时内下降至最低点，少数患者下降较缓慢，在3d内方达到最低点。听力损失为感音神经性耳聋。

2. 耳鸣：耳鸣与耳聋同时或相继出现，音调很高。

3. 眩晕：多数患者在听力下降前或后出现眩晕，大多伴有恶心、呕吐。

4. 其他：部分患者伴有患耳内堵塞感、压迫感，以及耳周麻木或沉重感。

【评估要点】

1. 一般情况：了解患者的健康状况，既往史，心理、社会状况，是否过度劳累、精神紧张、情绪波动、悲伤、感冒及烟酒过度等，评估患者对疾病的认知程度。

2. 专科情况

（1）听力下降的时间、听力损失的程度及性质。

（2）耳鸣出现的时间、音调高低。

（3）有无眩晕的出现，是否伴有恶心、呕吐。

（4）是否伴有患耳的不适症状。

3. 实验室及其他检查

（1）血常规、尿常规及血液流变学检查。

（2）耳镜检查：外耳道、鼓膜无明显病变。

（3）纯音听阈测定：纯音听力曲线显示感音神经性聋，大多为中度或重度聋。

（4）声导抗测听：鼓室导抗图正常，镫骨肌反射阈降低，无病理性衰减。

（5）听性脑干诱发电位及耳蜗电图：显示耳蜗损伤。

（6）重振试验：阳性，表现为听觉过敏，不能耐受过响的声音。

(7) 前庭功能试验：一般在眩晕缓解后进行，前庭功能正常或明显降低。

(8) 颅脑 CT 或 MRI 检查显示内听道及颅脑无病变。

【护理诊断】

1. 语言沟通障碍：与突发性听力损失有关。

2. 感知改变：与特发性突聋有关。

3. 焦虑：与听力减退及对本病缺乏了解有关。

【护理措施】

1. 主动安慰患者。尊重、同情患者，使患者了解本病的病情及治疗方法，并说明本病有不治自愈的可能性。即使耳聋无法完全恢复，可佩戴助听器加以矫正。尽最大可能减轻患者的思想顾虑，消除其焦虑情绪，使其充分休息，主动配合治疗和护理。

2. 遵医嘱妥善安排患者的各项药物治疗，并观察用药反应。酌情安排患者进行高压氧治疗。

3. 观察有无高血压以及心、肺、肝、肾等脏器病变，监测听力恢复情况。嘱患者尽可能卧床休息 7～10d，禁用各种耳毒性药物，禁烟酒、浓茶、咖啡等刺激性食物，保持良好的心态，以利于早日康复。

【健康教育】

1. 讲解突聋的发病原因，发病前常有生气、忧郁、悲伤等刺激，以及疲劳、饮酒、妊娠和环境气压、温度改变等诱因，学会自我调节，放松紧张情绪。

2. 讲解需避免使用的耳毒性药物的种类。

3. 讲解半年内定期随诊对病情治疗与转归的重要性。

梅尼埃病的护理

梅尼埃病是以膜迷路积水为主要病理特征的内耳非炎症性

疾病。多见于50岁以下的中青年人，儿童亦可发病。两性发病率无明显差异。多为单耳发病。病因未明，可能与内耳微循环障碍、病毒感染、变态反应、自主神经功能紊乱、内分泌失调、膜迷路机械性阻塞及内淋巴吸收障碍有关。

【临床表现】

1. 眩晕：多呈突发性旋转性眩晕，患者感觉自身或周围物体沿一定方向或某一平面旋转、摇晃或漂浮，同时伴有恶心、呕吐、面色苍白、出冷汗、脉搏迟缓、血压下降等自主神经症状，睁眼与转头时加剧，闭目静卧时减轻。

2. 耳鸣：多在眩晕发作之前突然加剧。初为持续性低音调吹风声或流水声，后转为高音调的蝉鸣音或汽笛声。

3. 耳聋：一般为单侧性，在眩晕发作期加重，间歇期好转，呈明显波动性变化。

4. 耳内胀满感：发作期患侧头部或耳内有胀满、沉重感。

【评估要点】

1. 一般情况：评估患者的健康状况，了解其既往史、过敏史、家族史，询问其患病前是否有反复发作的眩晕、耳鸣及听力障碍等病史，并了解对疾病的认知情况等。

2. 专科情况

（1）评估患者眩晕的程度、性质。

（2）眩晕发作时是否伴有耳鸣、耳聋及耳内闷胀感。

（3）评估患者是否有强度不一的眼球震颤。

3. 实验室及其他检查

（1）纯音听阈测定：早期为低频下降型感音神经性耳聋，听力曲线呈轻度上升型，无气一骨导差。多次发作后，由于高频区听力亦下降，故曲线呈马鞍形或平坦形。

（2）声导抗测听：以226Hz频率声作为探测音所引出的鼓室导抗图正常；Metz试验示重振（+），音衰减试验（-）。

（3）双耳交替响度平衡实验：有重振现象，言语识别率降低。

（4）耳蜗电图：SP－AP复合波增宽，－SP/AP比值异常增加（>0.4），AP振幅—声强函数曲线异常陡峭。

（5）甘油试验：阳性标准为服用甘油后患耳0.25Hz、0.5Hz、1.0Hz，平均听阈下降≥15dB，或①单一频率听阈下降≥15dB；②相邻两个频率听阈下降≥10dB；③3个或3个以上频率听阈下降≥10dB。

（6）前庭功能实验：冷热试验早期患侧前庭功能正常或轻度异常；多次发作后可出现向健侧的优势偏向；晚期出现半规管轻瘫或功能丧失。Hennebert征出现阳性。

（7）眼震电图：发作高潮期可见自发性眼震，呈水平型或水平—旋转型。

（8）颞骨CT扫描注意乳突气化情况及前庭水管宽窄。

【护理诊断】

1. 舒适状态改变：与眩晕、耳鸣、听力下降及恶心、呕吐有关。

2. 感知的改变：听力下降与膜迷路积水有关。

3. 有受伤的危险：与突发眩晕时平衡障碍有关。

4. 恐惧：与眩晕、耳鸣、听力下降有关。

【护理措施】

1. 患者要尽量卧床休息，环境要安静舒适，光线宜稍暗。向患者解释本病的发生、发展及预后的情况，消除其紧张、恐惧心理，使之有良好的心态来配合护理与治疗。

2. 禁烟、酒，禁用耳毒性药物，给予低盐饮食，适当限制水分摄入。适当使用镇静剂如异丙嗪、安定，血管扩张剂如丹参及谷维素等药物，以利于改善内耳微循环及自主神经功能。

3. 遵医嘱给予利尿剂，如20%甘露醇快速静滴、50%葡萄糖静脉推注等，以便能迅速消除或减轻内耳膜迷路积水，缓解眩晕等一系列症状。

4. 给予低分子右旋糖酐加丹参注射液或山莨菪碱口服，以达到改善内耳微循环或解除内耳微血管痉挛的目的。

5. 妥善安排患者在发作间歇期做一些必要的检查，如听性脑干反应测听、颅脑 CT 扫描或 MRI，以除外听神经瘤。

【健康教育】

1. 向患者讲解本病的有关知识，消除其紧张、恐惧心理，使之心情愉快，精神放松。

2. 发作期尽量卧床休息，静卧于暗室较好。

3. 治疗过程中禁用耳毒性药物，禁烟、酒，给予低盐饮食，适当限制水分摄入。

4. 出院后仍要低盐饮食，心情愉悦，精神放松，合理安排工作与休息，做到有张有弛，避免复发。

听神经瘤的护理

听神经瘤为原发在听神经纤维鞘膜上的良性肿瘤，该肿瘤多起源于内听道前庭神经鞘膜的雪旺细胞，多见于 30～60 岁的成人，女性较多，男女之比为2∶3，为单侧，生长缓慢。

【临床表现】

1. 早期症状：耳鸣、感音神经性耳聋、眩晕为本病最常见的早期症状。

（1）耳鸣：单侧缓慢渐进性加剧之耳鸣，音调高低不等。

（2）听力减退：单侧渐进性感音神经性耳聋，初始时与人交谈表现为只闻其声不解其意，以后逐渐发展为全聋。

（3）眩晕：大多数患者表现为轻度的不稳感和瞬间眩晕，少数患者出现短暂的旋转性眩晕，伴耳内压迫感、恶心、呕吐症状。

（4）其他早期症状还有耳深部刺痛或痒感，或外耳道后壁麻木感。

2. 后期症状：随着肿瘤增长扩大，可因颅内压增高和肿瘤侵入颅后窝出现以下症状。

（1）三叉神经损害：以同侧面部感觉迟钝和角膜反射减退最常见。

（2）面瘫：晚期可出现同侧周围性面瘫。

（3）小脑功能障碍：肿瘤压迫小脑，早期表现为患侧手足运动失灵，精细动作不能，步履蹒跚，向患侧倾倒，至晚期则卧床不起，发声不清。

（4）颅内高压症状：颅内压升高时，出现持续性头痛，多位于前额部或后枕部，晚期发展为全头痛，可伴有恶心、呕吐、视盘水肿、视力障碍。

（5）其他脑神经损害症状：眼球运动障碍、复视等。

【评估要点】

1. 一般情况：了解患者的健康状况，既往有无单耳渐进性耳鸣和耳聋症状，或有突发性耳聋病史以及患者心理状态及对疾病的认知情况等。

2. 专科情况

（1）听力情况的评估，耳鸣、听力损失的程度。

（2）前庭功能的评估，有无眩晕、恶心、呕吐。

（3）评估脑部神经的损害程度，看有无面部感觉迟钝、角膜反射减退、眼球运动障碍、复视、面瘫等。

（4）评估小脑功能状况，有无患侧手足运动失灵、精细动作不能、步履蹒跚等。

（5）是否出现颅内压增高的症状。

3. 实验室及其他检查

（1）纯音听阈测定：纯音听力图呈单耳感音神经性聋，曲

保护眼罩，重者可行睑裂缝合术，以防止角膜炎和角膜溃疡的发生。

(9) 术后颅压增高可能发生精神症状，要注意安全，加强防护。

(10) 注意保持呼吸道通畅，并定期翻身，以防发生压疮。

(11) 根据病情指导患者尽早下床活动，有利于呼吸、循环、胃肠等系统的生理功能。

(12) 告知患者有关手术康复的知识，注意劳逸结合，保持良好心态，进行适当锻炼。

【应急措施】

1. 术后早期的术腔出血是最常见而最严重的并发症，常引起死亡，应紧急处理。如发生意识恢复后再突然或逐渐昏迷、呼吸困难、高热、血压升高、肢体强直等均应疑及颅内出血，应立即报告医师，即刻打开伤口行脑干减压，防止演变成不可逆损伤。

2. 术后常见并发症有脑脊液鼻漏、脑膜炎、脑水肿、乙状窦血栓形成等，应根据不同症状做相应处理。

【健康教育】

1. 加强术后康复知识的讲解，注意劳逸结合，保持良好心态。

2. 进行适当功能锻炼，定期门诊复查。

分泌性中耳炎的护理

分泌性中耳炎是以鼓室积液及传导性听力下降为主要特征的中耳黏膜非化脓性炎症性疾病。中耳积液可为浆液、黏液或两者的混合液。本病分急性、慢性两种类型。急性分泌性中耳炎为病程在3个月内的分泌性中耳炎，慢性者病程达3个月以上，慢性者多由急性期转化而来。本病病因不明，认为主要与咽鼓管功能障碍、炎症和免疫反应有关。病理改变以分泌为主。本病同义词甚多，如渗出性中耳炎、非化脓性中耳炎、中耳积液和胶耳等。可见于各年龄组人群，但以小儿发病率高，是引起儿童听力下降的常见原因之一。

【临床表现】

1. 耳内闷胀、阻塞感，伴有低音调的耳鸣，在擤鼻、打呵欠或打喷嚏及牵拉耳郭时，上述感觉可有片刻好转。

2. 听力减退，常感觉外界声音很小，但听自己的声音很响，即自听增强现象。

3. 急性分泌性中耳炎者起病初期有轻微耳痛。

4. 儿童出现对声音反应迟钝，注意力不集中，幼儿则有哭闹、烦躁不安、发热等。

5. 耳镜检查可见，早期鼓膜松弛部及锤骨柄表面充血，鼓膜内陷，锤骨短突明显外凸。若鼓室内有积液，透过鼓膜可见液平面，锤骨柄向后上移位，光锥消失。

6. 听力检查多显示为传导性耳聋。

7. 鼻咽镜检查有时可见到鼻咽的肿物、腺样体肥大等。

【评估要点】

1. 一般情况：观察生命体征有无异常；询问患者有无急慢性鼻炎及咽部炎性疾病反复发作史、头颈部放疗史；评估患者对疾病的认知程度、学习愿望及能力。

2. 专科情况

（1）评估耳鸣及听力下降情况。

（2）评估分泌物的性状及量。

（3）评估疾病病程及既往治疗史。

（4）鼓膜情况的详细观察。

（5）小儿特别注意询问其听力情况、言语发育情况和学习情况。

3. 实验室及其他检查

（1）听力检查：纯音测听提示患耳为传导性听力损失，一般气导损失在20～30dB；声阻抗检查显示中耳压力的变化，鼓室曲线为平坦型（B型）或高负压型（C型）。

（2）鼻咽部侧位片：尤其适用于儿童，可帮助了解有无腺样体肥大。

（3）鼓膜穿刺：了解有无鼓室积液以及积液的性质。

【护理诊断】

1. 感知改变：与分泌性中耳炎致听力损失有关。

2. 疼痛：与鼓室积液有关。

【护理措施】

1. 按医嘱应用适当的抗生素，以避免已行鼓膜穿刺术或鼓膜置管术的患者中耳发生感染。

2. 急性期过后及慢性者可行咽鼓管吹张，包括波氏球法（适用于小儿）、导管法、捏鼻鼓气法。教会患者捏鼻鼓气法，使其自行实施。

3. 保持鼻腔和咽鼓管通畅，可用1%的麻黄碱液滴鼻。

4. 如果患者分泌性中耳炎由鼻腔或鼻咽疾病引起，如鼻息肉、腺样体肥大等，需向患者讲明相关手术的意义，积极行手术治疗。

5. 关注患者，积极沟通，以帮助保持良好的心态。

【健康教育】

1. 积极锻炼身体，防止感冒。

2. 对老师及家长进行疾病知识宣教，宣传分泌性中耳炎的知识。

3. 对10岁以下儿童定期进行声阻抗筛选试验，积极防治鼻及鼻咽部疾患。

4. 行鼓膜切开术或鼓膜置管术者，应保持外耳道清洁。

5. 鼓膜置管术者应定期门诊复查。

第二节　耳部疾病手术前后的护理

【术前护理】

1. 心理护理：患者入院后，有担忧、恐惧、陌生感等各种心理反应。此时护士应与其交谈，耐心细致地介绍医院的管理制度和生活设施，并以热忱真挚、认真负责的态度了解病情，讲解手术目的，消除患者不必要的心理负担，以取得患者的配合，增强患者对手术成功的信心。

2. 皮肤准备

（1）术前应注意全身清洁，沐浴、洗头1次。

（2）中耳、内耳手术以及外耳整形术者应剃除术侧耳郭周围5cm范围的头发。仅限于耳道内的耳内切口，则剃除耳郭前上1cm的头发。女患者的长发应结成小辫向上翻向健侧固定。耳源性颅内感染手术者，应将头发剃光。

（3）用温水、肥皂清洁耳郭、外耳道及该区周围皮肤，用75%的酒精棉球擦拭2遍，再以无菌纱布包扎。

（4）供皮区皮肤准备。需植皮者，选定供皮区剃毛，清洁常用的供皮区大腿内侧面皮肤（首选左腿），范围上至腹股沟，下至膝关节。

3. 局麻手术前患者可进食，全麻手术患者应在术前8h禁食、水。

4. 术前遵医嘱做好药物过敏试验。

5. 术日晨进手术室前排空小便，取下义齿、装饰品及其他贵重物品交病房护士保存，更衣。遵医嘱给术前用药。

6. 患者进手术室后为其准备床单位。

【术后护理】

1. 全麻未完全清醒者，专人护理，注意呼吸道通畅情况及出血情况。

2. 体位：据手术种类、麻醉方法及术后反应情况而定。全麻患者应平卧位，头偏向一侧，便于口腔内分泌物流出，防止流入气管内。局麻者平卧或向健侧卧位，术耳向上。外耳、中耳术后一般卧床1～2d；内耳术后应静卧7d以上，待眩晕消失后方可起床；耳源性颅内并发症术后患者应适当延长卧床时间。

3. 护理观察：注意手术创面敷料渗出情况，渗出多者及时报告医生处理；注意有无面瘫、眩晕、呕吐和眼震出现；注意观察体温、脉搏、呼吸、血压、瞳孔、意识及肢体活动情况，发现异常，立即报告医生处理；大腿取皮者，避免伤口敷料摩擦受压和污染。

4. 饮食：据手术的种类及术后反应情况给予不同的饮食。无恶心、呕吐者可给予流食或半流食1～2d，尔后给予普食。恶心、呕吐剧烈者，可给予静脉营养。饮食中应给予足量蛋白质和维生素。

5. 治疗护理：准确执行术后各项医嘱，按时给予各种抗生素及镇静剂，但对颅内并发症术后疼痛而非伤口疼痛者，不要随意给予镇静剂，以免掩盖病情。要及时清除局部渗出物，随时更换耳外敷料，保持术区清洁干净。

6. 心理护理：耳部手术尤以中耳、内耳手术后，患者多有恶心、呕吐、眩晕等反应，使患者感到焦虑不安，甚至恐惧。应耐心细致地解释，消除患者的不安情绪，保持良好的心态，以利于康复。

7. 生活护理：耳源性颅内并发症、内耳及听神经术后患者，多因手术反应严重或眩晕等而不能活动，应照顾患者的日常生活，避免因行为不便而受伤。

【健康教育】

1. 中耳、内耳术后的患者，如鼓室成形术、内淋巴囊切开术、迷路减压术等，告知其术后1周内勿用力擤鼻，以免分泌物经耳咽管进入中耳，导致术后感染，影响手术效果并引起其他并发症。

2. 中耳与内耳术后的患者，告知其在洗头、洗澡时应以干净棉球堵住外耳道口，以防污水进入术腔而继发感染。

3. 据手术种类和患者的情况，鼓励并指导其尽早下床活动(术后2d)，以利于呼吸、循环、胃肠等系统的功能恢复，避免上呼吸道感染。

4. 告知患者有关手术康复的知识，如注意劳逸结合，保持良好的心态，进行适当的锻炼以增强体质，提高免疫力，避开噪声过强的环境等。

5. 告知患者出院后要按时用药，教会患者能自己进行的一些简单的康复治疗，如清洁外耳道、捏鼻鼓气、耳咽管吹张等。定期门诊复查以了解术后恢复情况。

急性化脓性中耳炎的护理

急性化脓性中耳炎是中耳黏膜的急性化脓性炎症。该病多见于儿童，病变主要位于鼓室，但中耳其他结构亦常受累。主要致病菌为肺炎链球菌、流感嗜血杆菌、溶血性链球菌、葡萄球菌等。细菌进入中耳的途径有3条：咽鼓管途径、鼓膜途径、血源性途径。早期中耳黏膜充血，鼓室内炎性渗出物积聚，逐渐变为脓性。随着脓液增多，鼓室内压力增高，压迫鼓膜，终致局部坏死，出现鼓膜穿孔，脓液经外耳道流出。

【临床表现】

本病症状在鼓膜穿孔前后迥然不同。

1. 全身症状：鼓膜穿孔前，全身症状较明显，可有畏寒，发热，怠倦，食欲减退。小儿全身症状通常较成人重，可有高热，惊厥，常伴呕吐、腹泻等消化道症状。鼓膜穿孔后，体温逐渐下降，全身症状亦明显减轻。

2. 耳痛：为本病的早期症状。患者感觉耳深部锐痛或搏动性跳痛，疼痛可经三叉神经放射至同侧额、颞、顶部、牙齿，或整个半侧头部，吞咽、咳嗽、喷嚏时耳痛加重，耳痛剧烈者夜不成眠，烦躁不安。婴儿则哭闹不休。一旦鼓膜出现自发性穿孔或行鼓膜切开术，脓液向外溢出，疼痛顿减。

3. 耳鸣及听力减退：患耳可有波动性耳鸣，听力逐渐下降。耳痛剧烈者，轻度的耳聋可不被患者察觉。鼓膜穿孔后听力反而提高。如病变侵入内耳，可出现眩晕。

4. 耳漏：鼓膜穿孔后耳内有液体流出，初为浆液—血性，以后变为黏液脓性乃至脓性。如分泌物量甚多，提示其不仅来自鼓室，亦源于鼓窦甚至乳突。

5. 体征：耳镜检查早期见鼓膜周边及锤骨柄充血，继之全鼓膜充血，正常标志消失，鼓膜向外膨隆，穿孔后则有脓液自穿孔处呈搏动性溢出，即所谓的搏动性排脓亮点；触诊乳突尖及骨窦区可能有压痛。鼓膜穿孔后渐消失；听力检查呈传导性耳聋，听力损失可达40～50dB。

【评估要点】

1. 一般情况：观察生命体征有无异常，尤其是体温变化；询问患者有无急慢性鼻炎及咽部炎性疾病反复发作史；评估患者对疾病的认知程度、学习愿望及能力。

2. 专科情况

（1）评估耳痛的性质、严重程度、部位及伴随症状。

（2）评估耳鸣及听力下降情况。

（3）评估分泌物的性状及量。

（4）评估疾病病程及既往治疗史。

（5）鼓膜情况的详细观察。

3. 实验室及其他检查

（1）血常规：白细胞总数与中性粒细胞增多。

（2）鼓膜穿孔后，取脓液培养加药物敏感试验。

（3）听力检查表现为传导性聋。

（4）乳突平片可见乳突气房模糊，呈云雾状，但无骨质破坏。

【护理诊断】

1. 疼痛：与急性化脓性中耳炎有关。

2. 体温过高：与急性炎症引起全身表现有关。

3. 感知改变：与鼓室积脓、鼓膜穿孔致听力下降有关。

4. 焦虑：与急性化脓性中耳炎所致的耳痛、耳鸣、耳漏和听力损失有关。

【护理措施】

1. 注意休息，多沟通，协助患者保持良好的心态，保证足够的营养。

2. 体温过高者遵医嘱给予物理降温或药物降温，做好高热护理。

3. 遵医嘱尽早给予足量有效的抗生素，在炎症消退、流脓停止后仍需继续用药3～5d，以免复发或转为慢性。

4. 鼓膜穿孔前，外耳道内滴用2%苯酚甘油，以利于消炎镇痛。鼓膜穿孔后，应取脓液培养加药物敏感试验。可先用3%过氧化氢液清洗外耳道，拭净后再用敏感的滴耳剂滴耳，每日2次。炎症消退后，鼓膜穿孔多能自行愈合。

5. 指导患者鼻腔内滴1%麻黄碱液，以减轻咽鼓管咽口肿胀，有利于引流。

6. 注意休息，保持大便通畅。

【健康教育】

1. 对患者及家属进行疾病知识宣教，宣传急性中耳炎的知识。

2. 发现急性中耳炎及时治疗，以免延误病情。

3. 指导患者平时积极锻炼身体，提高机体抵抗力，积极防治上呼吸道感染。有急性感染时，不要用力擤鼻，以防鼻咽部的分泌物经咽鼓管进入中耳。

4. 指导母亲采取正确的哺乳姿势，避免婴幼儿平卧位吮奶。

5. 邻近器官、组织病灶发生病变要及时治疗。

慢性化脓性中耳炎的护理

慢性化脓性中耳炎是指中耳黏膜，甚至骨膜或深达骨质的慢性化脓性炎症。本病多因急性化脓性中耳炎未及时治疗或治疗不当迁延而来，为耳科常见病、多发病。其致病菌多为变形杆菌、金黄色葡萄球菌、铜绿假单胞杆菌等，其中以革兰阴性杆菌较多。按照病理变化及临床表现的差异，将慢性化脓性中耳炎分为 3 型：单纯型、骨疡型和胆脂瘤型。临床上以耳内长期间歇性或持续性流脓、鼓膜穿孔和听力下降为特点，处理不当可引起严重的颅内外并发症而危及生命。

【临床表现】

1. 单纯型：最常见，炎性病变主要位于鼓室黏膜层，呈现水肿、充血或增厚。临床特点为：耳内呈间歇性流脓，脓液呈黏液性或黏脓性；鼓膜穿孔位于紧张部，呈圆形或椭圆形或肾形的中央性穿孔；耳聋为轻度传导性耳聋；影像学检查无骨质破坏。

2. 骨疡型：炎症除累及黏膜层外，病变可深达骨质，听小骨、鼓窦等可发生坏死。中耳黏膜上皮破坏后，局部多有肉芽或息肉形成。临床特点是：耳内持续性流稠脓性分泌物，常有

臭味；鼓膜呈紧张部大穿孔或边缘性穿孔；多有较重的传导性耳聋。影像学检查可有轻微骨质破坏。此型中耳炎可发生多种并发症。

3. 胆脂瘤型：胆脂瘤是由于鼓膜、外耳道的复层鳞状上皮在中耳腔生长堆积成团块，非真性肿瘤。其外层由纤维组织包围，内含脱落坏死上皮、角化物及胆固醇结晶，故称为胆脂瘤。临床特点为：耳内长期持续流脓，可多可少，有特殊恶臭；鼓膜穿孔多为松弛部或紧张部后上方有边缘性穿孔；从穿孔处可见鼓室内有豆腐渣样物质，且有奇臭。听力损失为传导性耳聋或混合性耳聋；影像学检查可见上鼓室、鼓窦或乳突有骨质破坏区，听小骨可部分或完全破坏。

【评估要点】

1. 一般情况：观察生命体征有无异常；询问患者的过敏史、家族史、既往史，有无发热、消瘦、贫血等；评估患者对疾病的认知程度、学习愿望及能力。

2. 专科情况

（1）耳漏特征：间歇性或持续性，病程长短。

（2）分泌物性质：黏液性、黏液脓性或脓性，是否带有血丝或“豆渣样物”，有无异味。

（3）听力状况：轻度下降或严重下降。

（4）临床表现：近期临床表现有无特别变化。

（5）既往治疗史：用药情况或手术治疗情况。

（6）外耳道评估：仔细评估外耳道和中耳腔分泌物的性质以及分泌物引流情况。

（7）鼓膜穿孔的评估：包括穿孔的大小及部位。

（8）中耳腔病变的评估：重点评估鼓室内是否存在肉芽组织、胆脂瘤或钙化灶以及听骨链形态。

3. 实验室及其他检查

(1) 纯音测听：评估听力损失情况，单纯型一般为传导性聋，气导听力损失在15~30dB，听骨链损害可达50dB，耳蜗受损者可出现混合性聋。

(2) 分泌物细菌培养和药物敏感试验：了解引起感染的细菌种类和帮助选择治疗用药。

(3) 影像学检查：包括乳突X线片和颞骨高分辨率CT检查，了解中耳乳突情况。

(4) 化验及病理检查：血常规等化验项目，鼓室肉芽组织病理检查。

【护理诊断】

1. 感知改变：与听力下降有关。

2. 疼痛：与耳局部炎症或耳部手术创伤有关。

3. 知识缺乏：缺乏有关慢性中耳炎治疗及可能发生耳源性并发症的知识。

4. 潜在并发症：脑脓肿，与炎症扩散有关。面瘫，与炎症扩散有关。

【护理措施】

1. 术前护理

(1) 指导患者正确清除外耳道内的脓液，保持外耳道清洁和引流通畅。

(2) 取外耳道脓液做细菌培养与药物敏感实验，遵医嘱指导患者正确使用滴耳液滴耳。

(3) 慢性单纯性中耳炎患者，告知其在炎症得到基本控制（即耳不流脓1~3个月），咽鼓管通畅，听力确属传音性耳聋时，可考虑行鼓膜修补术或鼓室成形术提高听力或恢复中耳结构的完整性。

(4) 骨疡型及胆脂瘤型中耳炎患者，应明确告知手术治疗的重要性和目的，尽早接受乳突根治术及开放式或关闭式鼓室

成形术，以彻底清除病灶，保证良好引流，防止颅内外并发症的发生，改善或保留原有听力。

（5）加强教育，广泛宣传慢性化脓性中耳炎对人体的危害，使慢性化脓性中耳炎患者得到早期的积极治疗，以避免出现耳源性颅内外并发症。

2. 术后护理

（1）全麻者按全麻术后常规护理。

（2）听骨链重建者，术后患耳向上侧卧7～10d。

（3）中耳乳突术后，注意观察有无耳鸣、眩晕、面瘫、呕吐、剧烈头痛及平衡失调等。一旦出现，及时报告医生处理。

（4）注意观察体温变化，观察局部渗出情况及耳郭有无红肿。

（5）鼓励鼓室成形术术后患者多做吞咽动作，但应避免用力擤鼻。

（6）术后7d拆线，7～14d抽出耳道内填塞纱条，每日换药，观察术腔引流情况及上皮生长情况。

【健康教育】

1. 注意休息，保证睡眠时间，积极防治感冒。
2. 注意室内空气流通，保持鼻腔通畅。
3. 积极治疗鼻腔疾病，擤鼻涕不能用力和同时压闭两侧鼻孔，应交叉单侧擤鼻涕。
4. 慢性中耳炎患者术后1年内不宜游泳。
5. 术后3个月内不宜乘坐飞机。

耳源性并发症的护理

急性和慢性化脓性中耳炎，特别是慢性骨疡型和胆脂瘤型中耳炎，可并发多种颅内外并发症，简称耳源性并发症。耳源性并发症特别是颅内并发症，如果诊断不及时或处理不当，常可危及患者的生命。由于抗生素的广泛使用和诊断水平的提高，耳源性并发症的发生率已下降，已由过去的2%下降至0.2%，但也使并发症的表现变得不典型，易引起误诊。颅内并发症的死亡率仍达10%，应引起高度重视。

【临床表现】

有中耳流脓史，脓液突然增多或减少，伴耳痛、发热和头痛，并出现嗜睡、恶心、呕吐以及对刺激的敏感性增强。

耳源性并发症大致可分为两类，即颅外并发症和颅内并发症。常见的颅外并发症有：耳后骨膜下脓肿、耳源性颈深部脓肿、耳源性面神经瘫、迷路炎；颅内并发症有：硬脑膜外脓肿、乙状窦血栓性静脉炎、耳源性脑膜炎、耳源性脑脓肿。

【评估要点】

1. 一般情况：观察生命体征有无异常，尤其注意观察体温、意识和瞳孔的变化；询问患者的既往史、过敏史、家族史，有无发热、消瘦、贫血等；评估患者对疾病的认知程度、态度、学习愿望及能力。

2. 专科情况

（1）有化脓性中耳炎病史及中耳流脓史，脓液突然增多或减少，伴耳痛、颈部疼痛、眩晕、听力下降、寒战、发热和头痛，并出现嗜睡、恶心、呕吐以及对刺激的敏感性增强。

（2）外耳道脓液味臭，鼓膜穿孔多在松弛部或为边缘性。鼓室内可见肉芽、息肉、胆脂瘤样物质或见脓液搏动。

（3）神志变化，可能出现脑神经的定位体征，如吞咽困难、面瘫、眼球凸出固定；出现颈项强直、角弓反张及病理性反射；出现偏瘫、失语、共济失调等。

（4）有颅内高压者，血压升高，呼吸、脉搏变慢，视神经盘水肿，喷射性呕吐。

（5）瞳孔散大，不等大、不等圆，对光反射迟钝或消失，

出现偏盲、眼球震颤。

3. 实验室及其他检查

（1）颅脑 CT 扫描、核磁共振（MRI）定位精确，可显示脓肿或病灶大小，骨质破坏情况等，诊断准确率高。

（2）眼底检查、脑血管造影有助于诊断。根据视神经盘水肿情况可了解颅内水肿和颅内高压程度。

（3）迷路炎者进行听力检查和前庭功能检查。

【护理诊断】

1. 疼痛：与耳源性并发症所致剧烈头痛有关。

2. 体温过高：与耳源性并发症有关。

3. 潜在并发症：脑疝。

4. 清理呼吸道无效：与耳源性脑膜炎、脑脓肿引起的昏迷有关。

5. 皮肤完整性受损：与耳源性并发症和中耳乳突探查术有关。

6. 绝望：与对耳源性并发症预后丧失信心有关。

【护理措施】

1. 密切观察患者的意识、瞳孔、体温、脉搏、呼吸、血压的变化，注意有无面瘫、偏瘫、头痛、恶心、呕吐和眼球震颤的发生。发现变化，立即通知医生给予处置。

2. 绝对卧床休息，保持病室环境安静，光线宜暗。备好急救药品及物品，如呼吸兴奋剂、强心剂、脱水剂及气管插管等。

3. 遵医嘱使用足量、有效的抗生素或其他相关药物。适当控制输液速度，使患者处于轻微失水状态，防止加重脑水肿。保证输液液路畅通，以备急用。

4. 疑有耳源性并发症者，忌用镇静、镇痛剂，禁用阿托品类药物，以免掩盖症状，延误治疗。

5. 欲行中耳乳突手术时，按常规耳部术前准备，同时耐心细致地向患者及家属告知手术事宜，以缓解焦虑情绪，取得患者的积极配合。若疑有脑脓肿者，需剃净头发，备紧急钻颅术。

6. 给予清淡、易消化、高蛋白、高热量及富含维生素的流质或半流质饮食。保持大便通畅，避免用力排便，必要时给予缓泻剂。

7. 昏迷患者按昏迷常规护理，特别注意及时翻身、叩背，协助有效排痰，以防止肺炎、压疮发生。躁动患者注意安全护理，避免坠床、撞摔伤。

8. 多与患者沟通，及时了解其心理活动，给予引导，树立战胜疾病的信心。

【应急措施】

1. 严密观察生命体征的变化，尤其观察体温、意识、瞳孔变化。

2. 严密观察颅内高压症及脑疝前驱症状的发生，即持续剧烈头痛、喷射性呕吐、视神经盘水肿、血压急剧上升、脉搏变慢、意识障碍加深、出现一侧瞳孔扩大等。

3. 一旦发生颅内高压症及脑疝应采取下列措施。

（1）尽量减少不必要的搬动，头部置一软枕，抬高15°～30°，头偏向一侧，及时吸出口、鼻内的分泌物。

（2）遵医嘱立即快速静脉滴注20%的甘露醇250ml。

（3）保持呼吸道通畅，给予吸氧，必要时给予气管插管辅助呼吸。

（4）配合医生行脑室引流或开颅脓肿引流术。

【健康教育】

1. 对家属进行疾病知识的宣教，宣传中耳炎的知识。

2. 发生中耳炎要及时治疗、手术，以防严重并发症的发生。

3. 预防上呼吸道感染，有急性感染时，不要用力擤鼻，以防鼻咽部的分泌物经咽鼓管进入中耳。

4. 清除邻近病灶。

5. 告诉家属、患者头痛、恶心、呕吐和意识障碍程度加重时，及时与医护人员取得联系。

电子耳蜗植入患者的护理

电子耳蜗是一个电子装置，它能将声信号转换成电信号，经电极输送至耳蜗，刺激内耳螺旋神经节细胞，产生听觉。电子耳蜗植入是目前恢复极重度感音性聋患者听觉最有效的手段。电子耳蜗装置由两部分组成：植入体内的部分——刺激/接受器和一束伸入耳蜗鼓阶内的电极串；体外部分——言语处理和拾音器。目前世界上已有数万聋人进行了电子耳蜗植入。

【适应证】

1. 听力损失程度：成人语后聋，双耳极重度感音神经性聋，听阈大于90dB，使用大功率助听器3个月以上无效者。儿童语后聋同成人标准。儿童语前聋，双耳极重度感音性聋，声场裸耳测听听阈大于90dB，助听听阈未达到言语频谱区内，使用助听器3个月并无效，年龄不低于16个月者。目前多主张在2~4岁植入电子耳蜗。研究表明，在语言形成期的早期阶段接受电子耳蜗植入有利于帮助深度聋或全聋儿童恢复言语能力。

2. 患者精神心理正常，能配合康复训练，需求热情高，有适当的期望值，无临床禁忌证（中耳炎、传染病、心血管疾病等）。

【评估要点】

1. 一般情况：了解患者的健康状况、既往史、过敏史、家族史以及心理、社会状况，饮食、睡眠及生活习惯；评估患者对疾病的认知程度、态度、期望值、学习愿望及能力。

2. 专科情况

（1）病史询问：何时丧失听力，听力丧失时的言语能力，何原因导致耳聋。

（2）有无耳毒性药物使用史，有无化脓性脑膜炎病史，有无耳流脓史及耳聋家族史。

（3）近期内有无上呼吸道感染史。

（4）儿童患者应询问患儿与他人交流的方式。

（5）有无助听器使用史，效果如何。

（6）外耳道有无炎症，鼓膜是否穿孔，鼓室有无积液，咽喉、鼻腔有无急性感染，检查咽鼓管功能。

（7）术后并发症的评估：有无术后感染、外淋巴漏或脑脊液漏等并发症的发生。

3. 实验室及其他检查

（1）血、尿、便常规，肝、肾、心、肺功能，血凝情况，了解有无血液系统疾病。

（2）纯音测听或声场测听：明确耳聋的性质、程度，了解助听器的效果，如使用助听器后听阈仍未进入言语区（香蕉图），应考虑人工耳蜗植入。

（3）声阻抗：了解鼓室功能及咽鼓管功能。

（4）言语测听：明确患者听功能状况，并可评估助听器的效果。

（5）耳声发射：鉴别耳聋是耳蜗性或蜗后性。人工耳蜗主要适用于耳蜗性聋。

（6）听性脑干诱发电位：可推断听阈。

（7）CT 和 MRI：CT 了解解剖生理状况，耳蜗有无畸形，耳蜗是否骨化，中耳乳突有无感染，面神经的位置；MRI 可显示内淋巴液，有助于了解蜗管是否骨化。

【护理诊断】

1. 感知改变：与极重度感音性聋有关。

2. 恐惧：与担心手术效果或周围环境陌生有关。

3. 知识缺乏：缺乏电子耳蜗植入相关知识。

【护理措施】

1. 术前准备

（1）患者准备：除对患者进行常规的耳部手术准备外，利用各种方式（简单的手语、口型、书面文字等）与患者沟通，同时对家属讲解成功的手术是一方面，术后重建语言环境，进行听力、语言康复训练同样重要，应做好长期治疗训练的心理准备。特别是语前聋的患儿，护士经常接触患儿，取得患儿的信任。对于术前佩戴助听器的患者，护士要做好助听器的调节和保养。即使是手术的前一刻，护士只要发现他们对手术有疑惑和犹豫，都要高度重视并及时通知耳蜗植入小组。

（2）护理人员准备：对全科护理人员进行专题培训，对人工耳蜗的构造、基本工作原理、耳蜗植入的标准、植入程序、手术过程、术后康复训练及耳蜗其他知识进行全面系统的学习。

（3）成立耳蜗植入小组：除按常规的全麻下耳部手术术前准备外，成立耳蜗植入小组（医生、护士组成），专人负责，充分了解每一位患者的病情及需要解决的问题，探讨手术可能出现的并发症，对患者做到心中有数。植入小组的护士参观手术，了解手术的全过程，对术后患者可能出现的并发症的护理，更有针对性。

2. 术后护理：按全麻术后常规护理，注意观察生命体征。

（1）防止电极脱落：术后要求患者卧床休息3～5d，避免剧烈头部运动，防止植入的内植部件移位，采取平卧或健侧卧位（非手术侧），保持病室安静，同时以进清淡、易消化、含有丰富蛋白质的流食、半流食为宜，减轻下颌骨活动而牵动手术部位。

（2）观察切口皮肤情况：皮肤损伤是植入术后最常见的并发症，手术切口时，既要保证乳突部能够充分暴露，还要保证耳后的血液循环，手术所导致的或机体对高仿生、高密度异物的排异，是引起感染的主要原因。因此，术后要监测体温的变化和足量应用抗生素来预防感染。密切观察切口有无红肿及渗血量，如有皮下血肿应及时通知医生处理，以免引起感染。若感染累及埋植部件时，需取出埋植部件方可治愈感染。

(3) 观察有无面瘫发生：手术经乳突进路至面神经隐窝，触及面神经可能会造成面瘫，术后应仔细观察患者是否有面部抽搐、眼睑闭合有隙、进食时味觉减退或消失等问题出现。

(4) 对症处理迷路受刺激症状：手术植入的电极可刺激迷路，造成眩晕、恶心、呕吐，常在术后早期出现，一般在数日逐渐恢复。要及时监测电解质，保持水、电解质、酸碱平衡，静脉滴入能量和剂，以使症状完全消失。

(5) 成人术后7d拆线，儿童7～10d拆线。

【健康教育】

1. 帮助患者及家属确立适当的期望值：电子耳蜗植入患者及家属对手术要求非常迫切及对手术期望值过高，需要通过对人工耳蜗知识的全方面的了解和学习，帮助患者及家属确立适当的期望值。期望值确立在适当程度，有助于保持患者正常的学习心态，以便获得最佳的学习效果。

2. 系统地进行关于耳蜗植入围术期的宣教：根据患儿及家长的不同需求，对其父母集中用多媒体进行术前宣教，使患儿和家长明白术后有一个康复阶段，以起到最佳使用人工耳蜗的目的。

宣教内容包括：

(1) 手术过程的简单介绍。

(2) 术后要求患者平卧或健侧卧位（非手术侧）3～5d，避免剧烈头部运动，防止植入的内植部件移位的重要性。

(3) 手术植入的电极刺激迷路，造成眩晕、恶心、呕吐等症状，需数日才能逐渐恢复。

（4）术后疼痛护理及治疗、伤口包扎、住院时间的长短、伤口的家庭护理、感染的症状和体征以及术后的绝对禁忌等。

3. 讲解术后听力语言康复的重要性：人工耳蜗植入的目的不仅仅是使患者重新听到声音，更重要的是能听懂声音，会恢复语言交流，因此必须重视术后听力语言康复。

（1）对于成人语后聋患者，由于耳聋前听觉语言系统已经建立，术后康复过程相对容易一些，可以较快地适应和掌握人工耳蜗所提供的声音信息，恢复言语交流。

（2）对于语前聋患者，听觉语言系统发育不完善或完全没有发育，他们的听力年龄，只是从开机开始算起，就像刚出生的婴儿一样，需要从觉察声音、分辨声音、理解语言、发展说话等逐步发育，建立起自己的听觉语言系统声音，术后听力语言康复是一个艰苦而长期的过程，需要专业人员和家人配合实施。

4. 患者或家人要保护手术区皮肤，防止对局部的剧烈冲撞和挤压，洗头时不要用力抓挠手术区域，防止感染。如遇伤口红肿或体温 38.5℃以上，请与医生联系，以免耽误病情。

5. 自手术之日算起 4 周后为开机日期，开机后人工耳蜗患者“听”到的多为失真或有些畸变的声音，语后聋者要将这些声音和他们大脑中原有的知识相联系，以适应这种改变的听觉环境。语前聋或先天性聋者则是一个重新学习语言的过程，听觉言语康复训练可以改善人工耳蜗患者的听觉能力和增进其言语能力。

6. 患者要避免接触磁场，因磁力可以作用于人工耳蜗的磁性部件，切记患者不能做 MRI 检查，必须要进行检查时要采取措施或取下磁铁，避免相互干扰。

7. 如需要做其他手术，应先向医生声明已行人工耳蜗植入手术，因为单极电凝可导致密码紊乱，手术要用双极电凝。

8. 虽然作为一种先进的微电子设备，人工耳蜗设计制作具备防潮、防静电和抗冲撞等性能，使用者仍需注意外置部件要保持清洁，避免潮湿和雨淋，电池一般使用1~3d，应注意及时更换。

先天性耳畸形的护理

先天性耳畸形包括先天性耳前瘘管、先天性外耳及中耳畸形。先天性耳前瘘管是一种常见的先天耳畸形，为胚胎时期形成耳郭的第1、第2鳃弓的6个小丘样结节融合不良或第1鳃沟封闭不全而形成盲道。先天性外耳、内耳畸形常同时发生，前者是第1、第2鳃弓发育不良及第1鳃沟发育障碍所致，后者伴有第1咽囊发育不全可导致鼓室内结构、咽鼓管甚至乳突发育畸形等，临床上习惯称为“先天性小耳畸形”。

【临床表现】

1. 先天性耳前瘘管：瘘口多位于耳轮脚前，多为单侧，也可为双侧。挤压时有少量白色黏稠性或干酪样分泌物从管口溢出，微臭，局部微感瘙痒不适。继发感染时，管口周围红肿、疼痛或化脓。

2. 先天性小耳畸形：一般按畸形发生部位和程度分为3级。

第1级：耳郭小、畸形，各部尚可分辨；外耳道狭窄或部分闭锁，鼓膜存在；听力基本正常。

第2级：耳郭呈条索状突起，相当于耳轮或仅有耳垂；外耳道闭锁，鼓膜及锤骨柄未发育；呈传导性耳聋。

第3级：耳轮残缺，仅有零星而不规则的突起；外耳道闭锁，听骨链畸形，伴有内耳功能障碍；表现为混合性耳聋或感音神经性耳聋。

第2、第3级畸形多伴有下颌面骨发育不全，表现为眼、颧、上颌、下颌、口、鼻等畸形。

【评估要点】

1. 一般情况：了解患者的健康状况、既往史、家族史、用药史，以及患者的心理状态和对疾病的认知情况等。

2. 专科情况

（1）评估患者耳郭、外耳道、鼓膜是否正常，有无耳前瘘管感染、外耳道闭锁及鼓膜的异常。

（2）评估患者听力损失的程度及性质。

3. 实验室及其他检查

（1）纯音听阈测定：了解耳聋性质，传导性耳聋为手术适应证。

（2）声导抗测听、听觉脑干诱发电位：有助于了解内耳功能、阻塞范围及中耳情况。

（3）颞骨 CT 检查有助于明确诊断。

（4）血常规、出凝血时间等术前常规检查 。

【护理诊断】

1. 皮肤完整性受损：与耳前瘘管有关。

2. 有感染的危险：与瘘口细菌感染有关。

3. 体温过高：与先天性耳前瘘管合并感染有关。

4. 自我形象紊乱：与耳郭先天性畸形有关。

5. 感知改变：与先天性小耳畸形造成听力障碍有关。

6. 焦虑：与本病治疗及预后的知识缺乏有关。

【护理措施】

1. 术前护理

（1）做好心理护理，减轻患者的焦虑，使其积极配合治疗。

（2）向患者及家属讲解手术的时机：先天性耳前瘘管一般合并感染才来就诊，若脓肿已形成，需先切开引流；若反复多次感染者可行瘘管切除术。先天性小耳畸形单耳畸形而另一耳听力正常，手术可延至成年时进行；单侧外耳道闭锁伴有胆脂瘤者可视具体情况提前手术；双耳畸形伴中度以上传导性耳聋者应及早对畸形较轻的耳手术，以提高听力，促进患儿语言、智力的发育；单纯耳郭畸形主张待成年以后行耳郭成形或重建手术。

（3）术前耳周备皮，范围为患侧耳郭周围5~7cm，需植皮者，左大腿内侧备皮。

（4）全麻患者术前8h禁食、水，术前0.5h给予镇静剂。

2. 术后护理

（1）全麻未清醒者给予平卧位，头偏向健侧，患耳朝上。注意观察生命体征。

（2）注意观察患耳敷料渗出情况，若出血较多，及时报告医生检查出血原因，并予以更换。

（3）术后进半流食3~6d，以减少局部活动，待伤口愈合后改为普食。

（4）遵医嘱给予抗生素，控制感染。

（5）注意观察有无面瘫、眩晕、头痛、意识障碍、昏迷等并发症出现。

（6）伤口疼痛者可给予镇静剂，但对头痛而有颅内并发症可疑者，镇静剂慎用，以免掩盖症状，延误诊断。

（7）大腿内侧取皮处一般不换药，待其自然修复，敷料多在10d左右自行与创面脱离；若出血较多，应解开敷料，更换后重新包扎；若有创面感染迹象，需每日换药。

（8）耳部敷料每日更换，必要时随时更换。注意植入皮瓣颜色、温度。

（9）待伤口恢复进行纯音听力测定，检查听力恢复情况，并对患儿进行语言指导。

【健康教育】

1. 保持耳部清洁，避免感染。

2. 加强双耳畸形患儿术后语言康复指导。

第三节 鼻部疾病的护理

鼻息肉的护理

鼻息肉是鼻腔及鼻窦由于慢性炎症、分泌物长期刺激或因变态反应性鼻炎引起鼻黏膜的静脉和淋巴管炎，使黏膜下组织间隙扩张、水肿，受重力影响逐渐下垂而形成，好发于中鼻甲游离缘和筛窦。

【临床表现】

1. 鼻塞：持续性、渐进性加重。鼻塞重者呈闭塞性鼻音，睡眠时打鼾。

2. 鼻溢液：鼻腔流黏液样或脓性涕，间或为清涕，可伴打喷嚏。

3. 嗅觉功能障碍：多为嗅觉减退或丧失。

4. 耳部症状：当鼻息肉或分泌物阻塞咽鼓管口，可引起耳鸣和听力减退。

5. 继发鼻窦症状：息肉常阻塞并妨碍鼻窦引流，继发鼻窦炎，患者出现鼻背、额部及面颊部胀痛不适。

6. 检查可见一个或数个表面光滑、灰白或淡红色、半透明、可移动，触之柔软、不易出血、无痛、麻黄碱收缩无效之肿物。巨大的鼻息肉可致外鼻增宽、饱满、形似蛙腹，又称“蛙形鼻”。

【评估要点】

1. 一般情况：了解患者的健康状况、既往史，心理、社会状况，饮食、睡眠、生活习惯，询问患者有无哮喘发作史和过敏史，评估患者对疾病的认知程度等。

2. 专科情况

（1）评估鼻塞的严重程度，有无闭塞性鼻音、睡眠打鼾、头痛等。

（2）鼻溢液的性质（黏液样、脓性涕或为清涕）。

（3）嗅觉功能有无障碍。

（4）听力情况（有无耳鸣、听力减退）。

（5）是否继发鼻窦症状，出现鼻背、额部及面颊部胀痛不适，鼻外形有无改变（蛙形鼻）。

3. 实验室及其他检查：鼻息肉患者的X线片多显示筛窦呈均匀一致的云雾样浑浊。上颌窦黏膜增厚且有时可见小半圆形阴影，提示窦腔有黏膜息肉。X线片上述特点是增生性鼻窦炎的表现，如继发感染，则显示为化脓性鼻窦炎的征象。查血常规、出凝血时间、肝功能、心电图、胸部透视等，了解有无异常。

【护理诊断】

1. 舒适的改变：与息肉引起鼻塞、流涕及术后鼻腔填塞有关。

2. 感知改变：与息肉引起嗅觉减退、听力下降有关。

3. 自我形象紊乱：与息肉引起蛙鼻有关。

4. 有感染的危险：与鼻部炎症、脓液引流不畅有关。

5. 潜在并发症：出血。

【护理措施】

1. 术前护理

（1）做好心理护理，减轻患者顾虑，使其积极配合治疗。

（2）对于伴有变应性病因的患者，术前遵医嘱给予类固醇类药物治疗，有鼻窦感染者手术前1周给予抗生素治疗。

（3）术前1d剪鼻毛，男患者应剃须。

（4）术日晨监测T、P、R、Bp，并做记录。

（5）遵医嘱做药物过敏试验，应用术前药物。

2. 术后护理

（1）卧位：局麻术后患者取半卧位以减少出血，有利于患者呼吸。全麻术后患者平卧6h，并注意保持呼吸道通畅。

（2）饮食：局麻术后可给予温凉半流食或普食，全麻术后禁食、水6h后可进温凉半流食或普食。

（3）给予局部冷敷，减少出血和疼痛。

（4）预防出血：术后24h内减少活动，注意观察有无异常出血现象。嘱患者勿用力打喷嚏，勿擤鼻涕防止出血，打喷嚏时用手捏住鼻翼防止纱条脱出。

（5）眼部检查：观察眼睑有无充血或水肿，眼部有无固定或外突，球结膜有无充血水肿。若仅有眼睑轻度充血水肿，常为全筛窦切除术后的反应，抽出鼻腔填塞物数日便会消退，也可用局部冷敷减轻水肿。

（6）保持口腔清洁，餐后漱口。

（7）24~48h鼻腔填塞纱条逐步抽出后，可用复方麻黄碱、氯霉素、复方薄荷油每日4次滴鼻，每日进行1次或2次鼻腔冲洗。

【健康教育】

1. 改正不良卫生习惯，勿用手挖鼻，鼻腔干燥时用复方薄荷油滴鼻。

2. 向患者解释术后因鼻腔填塞纱条可致鼻背部、眼眶、前额部胀痛，属正常现象，撤纱条即可缓解，如疼痛剧烈可局部冷敷或遵医嘱给予止痛药。

3. 加强身体锻炼，预防感冒；手术恢复期禁食辛辣食物，禁烟酒。

4. 遵医嘱鼻腔点药及鼻腔冲洗。

5. 定期复查。一般情况下术后第1个月每周复查1次，第2个月2周复查1次，第3个月复查1次即可。特殊情况随时复诊。

鼻出血的护理

鼻出血也称鼻衄。出血可能发生在鼻腔的任何部位，但以鼻中隔前方的黎氏区为多见。

【临床表现】

有轻有重，轻者涕中带血，重者可引起贫血、休克甚至死亡。

【评估要点】

1. 一般情况：了解患者的健康状况、既往史，心理、社会状况，饮食、睡眠、生活习惯等；询问有无引起鼻出血的有关局部、全身疾病史或家族史（如高血压、出血性疾病等），有无接触风沙或气候干燥的生活史；评估患者对疾病的认知程度等。

2. 专科情况

（1）评估出血量、血压下降、面色苍白、出冷汗、血红蛋白降低的程度。

（2）出血部位：鼻腔前端出血一般填塞可止血；后鼻孔出血经鼻孔填塞止血后仍经口腔吐出。

（3）引起鼻出血的原因：大量出血可导致出血性休克，甚至危及生命；少量反复出血伴有剧烈疼痛和鼻塞者应怀疑鼻腔、鼻窦或鼻咽部恶性肿瘤。血压过高者，除鼻出血外，有发生脑血管意外的可能性，鼻腔填塞者，要注意低氧血症。

3. 实验室及其他检查：了解血常规、出凝血时间等有无异常。鼻内窥镜检查有助于明确出血部位。

【护理诊断】

1. 恐惧、焦虑：与反复出血有关。

2. 潜在并发症：出血性休克。

3. 疼痛：与鼻腔填塞而致局部肿胀、疼痛有关。

【护理措施】

1. 首先安慰患者，使之镇静，必要时给予镇静剂。

2. 监测血压、脉搏等。

3. 一般取半坐位，将血液吐入容器内，疑有休克时取侧卧位及时补液、输血。

4. 鼻部和头部给以冷敷，建立静脉通路，遵医嘱及时应用止血药。

5. 对初诊患者，可采取初步简易止血措施。

（1）指压法：鼻中隔前部少量出血，可用手指将鼻翼压向鼻中隔或竖捏鼻翼数分。

（2）棉片止血法：以1%麻黄碱、1‰肾上腺素（高血压、心脏病患者忌用）或3%过氧化氢液棉片填塞鼻腔。

6. 做好鼻腔填塞和鼻后孔填塞的准备工作，协助医师进行各种止血措施。常用器材有：1%麻黄碱棉片、1%地卡因棉片、凡士林纱条、浸有液状石蜡的纱布或碘仿纱条、鼻后孔栓子、消毒细导尿管、粗丝线、血管钳和剪刀等。

7. 鼻出血患者给以温凉的半流食、软食为宜。

8. 保持大便通畅。

9. 要防止患者低头、打喷嚏、用力咳嗽或擤鼻，禁食烫热饮食，防止再次出血。

10. 做好口腔护理。

【应急措施】

若出血过多有休克征象时采取以下措施。

1. 立即使患者平卧，头偏向一侧，使口内分泌物易于流出，保持呼吸道通畅。

2. 立即测血压、脉搏，建立静脉通道，遵医嘱给予止血药物、交叉配血、吸氧。

3. 备齐抢救器械、药物，以及止血用物，协助医生做止血处理。

4. 做好心理护理，使患者及家属保持镇静，积极配合治疗。

【健康教育】

1. 出院后要注意房间温度不宜过高，湿度要保持在70%～75%。

2. 多吃富含营养、纤维素含量高的软食。

3. 避免剧烈运动，改变不良的生活习惯如挖鼻等。

4. 每日测血压，将血压控制在正常范围，保持良好的心理状态，积极治疗原发病。

鼻中隔偏曲的护理

鼻中隔偏离中线向一侧或两侧，或局部形成突起而影响鼻腔生理功能，引起临床症状者称鼻中隔偏曲。

【临床表现】

1. 鼻塞：为主要症状。单侧或双侧鼻塞，取决于偏曲的类型和下鼻甲有否代偿性肥大。

2. 鼻出血：常发生在偏曲的凸面、骨棘或骨嵴的顶尖部。此处黏膜薄，受气流和尘埃刺激易发生黏膜糜烂而出血。

3. 头痛：偏曲的凸出部挤压同侧鼻甲时，可引起同侧头痛。

4. 邻近器官症状：鼻阻塞妨碍鼻窦引流，继发鼻窦炎；长期张口呼吸和鼻内炎性分泌物积蓄，易发生上呼吸道感染。

【评估要点】

1. 一般情况：了解患者有无外伤及鼻出血史、健康状况、既往史，心理、社会状况，饮食、睡眠、生活习惯；评估患者对疾病的认知程度等。

2. 专科情况

（1）评估单侧或双侧鼻塞情况，鼻塞减轻情况。

（2）评估偏曲的类型，下鼻甲有否代偿性肥大。

（3）有无继发鼻窦炎及上呼吸道感染。

（4）评估疼痛与不适的程度，有无好转。

3. 实验室及其他检查：鼻窦拍片了解有无鼻窦炎存在；查血常规、出凝血时间、肝功能、心电图、胸部透视等，了解有无异常。

【护理诊断】

1. 有感染的危险：与疾病本身和手术有关。

2. 潜在并发症：出血，与气流和尘埃刺激发生黏膜糜烂有关。

3. 舒适的改变：与鼻腔填塞有关。

【护理措施】

1. 术前护理

（1）做好心理护理，减轻患者顾虑，使其积极配合治疗。

（2）术前 1d 剪鼻毛，男患者应剃须。

（3）术前 30min 遵医嘱肌注安定、阿托品等。

2. 术后护理

（1）术后取半卧位利于患者呼吸。

（2）术后可给予温凉流食、半流食。

（3）给予局部冷敷，减少出血和疼痛。

（4）保持口腔清洁，餐后漱口。

（5）预防出血，嘱患者勿用力打喷嚏，打喷嚏时用手捏住鼻翼，勿使纱条脱出。

【健康教育】

1. 改正不良卫生习惯，勿用手挖鼻。

2. 加强身体锻炼，防止感冒。

3. 48 ~ 72h 鼻腔填塞的纱条逐步抽出后按时滴药 1 周，勿用力擤鼻。

鼻骨骨折的护理

由于鼻部突出于面部中央，当外力向面部撞击时易受损，使鼻骨发生骨折。

【临床表现】

局部疼痛、肿胀，鼻出血，鼻及鼻骨周围畸形（鼻梁变宽、鞍鼻）等属常见的症状及体征。当鼻黏膜、骨膜和鼻泪器黏膜撕裂伤时，可发生眼睑或颊部皮下气肿。因外伤所致的鼻中隔偏曲、脱位等将导致鼻塞等症状。

【评估要点】

1. 一般情况：询问受伤情况，观察局部有无肿胀、皮下出血及范围；了解患者的健康状况、既往史，心理、社会状况，饮食、睡眠、生活习惯等。

2. 专科情况

（1）局部有无疼痛、肿胀。

（2）鼻及鼻骨周围有无畸形。

（3）鼻中隔有无偏曲、脱位，眼睑或颊部有无皮下气肿。

3. 实验室及其他检查：X线摄片及CT有助于明确诊断，了解血常规、出凝血时间、肝功能、肾功能等有无异常。

【护理诊断】

1. 舒适的改变：与鼻骨骨折致鼻塞有关。

2. 潜在并发症：出血，与鼻腔血管损伤有关。

3. 有感染的危险：与鼻腔黏膜损伤有关。

4. 自我形象紊乱：与疾病本身有关。

【护理措施】

1. 取半卧位，给予温凉流食、半流食。

2. 观察伤口有无渗血以及出血量，眼睑或颊部有无皮下气肿。

3. 监测生命体征。

4. 做好心理护理，及时复位。

5. 鼻腔填塞纱条 24～48h 后取出，纱条取出后勿用力擤鼻、打喷嚏。

【健康教育】

1. 注意安全，避免外伤。

2. 如鼻中隔发生偏曲，应早期纠正。

3. 保持口腔清洁，餐后应漱口。

4. 嘱患者鼻腔填塞纱条取出后勿用力擤鼻、打喷嚏。

鼻—鼻窦恶性肿瘤的护理

鼻—鼻窦恶性肿瘤较为常见，肿瘤与肉瘤发病率之比约为 8.5∶1。男女发病为 1.5∶1～3.0∶1。肿瘤绝大多数发生于 40～60 岁者，肉瘤则多见于年轻人，亦可见于儿童。鼻窦的恶性肿瘤较原发于鼻腔者为多见，在鼻窦恶性肿瘤中尤以上颌窦恶性肿瘤最为多见，并且有 1/3 上颌窦癌患者伴有筛窦癌，筛窦恶性肿瘤次之，蝶窦恶性肿瘤则属罕见。肿瘤早期可局限于鼻腔或鼻窦某一解剖部位；待到晚期，肿瘤可累及多个解剖部位，很难区分是鼻腔或鼻窦恶性肿瘤。

【临床表现】

1. 鼻塞、黏脓鼻涕带血或经常鼻出血。

2. 头涨痛、嗅觉减退或丧失。

3. 单侧面颊部疼痛或麻木，常为上颌窦恶性肿瘤的早期症状。

4. 磨牙疼痛和松动，常误诊为牙病。上颌窦恶性肿瘤晚期破坏窦壁，可出现面颊部隆起、眼部症状（眼球凸出、流泪、复视等）、张口困难等邻近器官受侵犯症状、颈部淋巴结转移及

恶病质。

【评估要点】

1. 一般情况：了解患者的健康状况、既往史，心理、社会状况，饮食、睡眠、生活习惯，居住环境及家族健康状况；评估患者对疾病的认知程度等。

2. 专科情况

（1）评估血性分泌物的量。

（2）评估头痛、鼻塞的程度。

（3）有无淋巴结转移的症状。

3. 实验室及其他检查：X线断层片有时可见骨质破坏，可显示肿瘤所在的部位和范围，CT、MRI能更加全面、精确地显示肿瘤的范围。查血常规、出凝血时间、肝功能、肾功能等，了解有无异常。

【护理诊断】

1. 舒适改变：与鼻塞和头痛、肿瘤机械性阻塞和侵犯神经有关。

2. 有感染的危险：与肿瘤影响鼻腔和鼻窦引流不畅有关。

3. 潜在并发症：出血，与肿瘤侵蚀血管有关。

4. 自我形象紊乱：与上颌骨截除术有关。

【护理措施】

1. 术前护理

（1）做好患者的思想工作，让患者积极配合。

（2）术前1d备皮，剪鼻毛、刮眉毛，男性剃胡须。

（3）术前6h禁饮食，术前半小时注射阿托品。

2. 术后护理

（1）按全麻护理至清醒，严密观察生命体征，注意切口渗血情况。

（2）保持呼吸道通畅，患者头偏向一侧，随时吸出口腔内分泌物。

（3）术后 3～5d 取出口腔内填塞物，做好口腔护理。

（4）加强营养，给予高热量流质饮食。

（5）术后 7d 拆线，术腔植皮者 10d 后拆线。

【健康教育】

1. 恢复期练习张口活动，防止翼腭窝瘢痕增生及挛缩。

2. 增强战胜病魔的信心。

3. 遵医嘱进行放疗或化疗。

4. 定期复查。

鼻窦炎的护理

系鼻窦黏膜一般性炎症改变，临床以上颌窦炎最为多见，其次是筛窦炎、额窦炎和蝶窦炎，分为急性和慢性两种。

【临床表现】

1. 急性鼻窦炎

（1）全身症状：食欲不振、畏寒、发热等，以急性额窦炎和牙源性上颌窦炎较严重。

（2）局部症状：鼻塞、分泌物增多、头痛和局部疼痛。

2. 慢性鼻窦炎

（1）全身症状：精神不振、乏力、头晕、头痛。

（2）局部症状：流黄色黏液性和脓性涕，鼻塞、记忆力减退、嗅觉减退，以筛窦炎为甚。

【评估要点】

1. 一般情况：了解患者的健康状况、既往史，心理、社会状况，饮食、睡眠、生活习惯；了解有无慢性中毒症状（如精神不振、头昏易倦、记忆力减退、注意力不集中等）、特应性体质及全身性疾病（贫血、糖尿病、急性传染病）等诱发因素；评估患者对疾病的认知程度等。

2. 专科情况

（1）急性上颌窦炎：前额部痛，晨起轻，午后重。

（2）急性筛窦炎：头痛轻，局限于内眦或鼻根部。

（3）急性额窦炎：前额痛，晨起加重，午后减轻，晚间消失。

（4）急性蝶窦炎眼球深部钝痛。

3. 实验室及其他检查：X 线摄片及 CT 有助于明确诊断，了解血常规、出凝血时间、肝功能、肾功能等有无异常。

【护理诊断】

1. 舒适改变：与鼻塞或与手术后油纱条填塞有关。

2. 体温过高：与鼻部炎症有关。

3. 潜在并发症：出血，与局部炎性反应黏膜糜烂有关。

【护理措施】

1. 锻炼身体，增强体质，预防鼻部疾病，多饮水，增加营养。

2. 控制感染，预防急性炎症转为慢性，用抗生素或磺胺类药物。清理鼻腔后用滴鼻剂，以预防感染，改善鼻腔通气。

3. 患者经口呼吸，应保持口腔卫生。

4. 术后取半卧位，局部冷敷，减少出血。告知患者鼻腔纱条抽出后疼痛会有好转。

【健康教育】

1. 术后应尽量勿打喷嚏，预防出血。

2. 出院后继续鼻腔点药 1 周。

3. 遵医嘱定期复查。

4. 加强锻炼，预防感冒，增强身体抵抗力。

鼻咽纤维血管瘤的护理

鼻咽纤维血管瘤为鼻咽部最常见的良性肿瘤，常发生于

10 ~ 25 岁男性青年，一般在 25 岁以后可能停止生长，故又名"男性青春期出血性鼻咽纤维血管瘤"。因其源于颅底，肿瘤生长扩张能力强，又有凶猛的大出血，故临床上虽属良性，但发展甚恶。病因不明。

【临床表现】

1. 出血：为一重要症状，常表现为鼻出血或从口中吐血。由于反复大出血，患者因此常有不同程度的贫血。

2. 鼻塞：肿瘤堵塞后鼻孔并侵入鼻腔，始为一侧性，逐渐发展为双侧，常伴有流鼻涕、闭塞性鼻音、嗅觉减退等。

3. 其他压迫症状：肿瘤压迫咽鼓管咽口，可出现耳鸣、耳闷及听力下降；侵入眼眶，则出现眼球凸出，视力下降；侵入翼腭窝引起面颊部隆起；侵入颅内压迫神经，引起剧烈头痛及其他神经麻痹。

【评估要点】

1. 一般情况：了解患者的健康状况，既往史，心理、社会状况，饮食、睡眠、生活习惯，有无贫血貌等情况。

2. 专科情况

（1）鼻咽纤维血管瘤常有反复出血。由于大量或长期出血，患者常有不同程度的贫血。

（2）肿瘤堵塞后鼻孔引起鼻塞；压迫咽鼓管咽口，发生耳鸣及听力减退；破坏颅底及压迫脑神经，可有头痛及脑神经麻痹，侵入眼眶、翼腭窝或颞下窝，可致眼球凸出，颊部或颧部凸起，发展可使软腭膨隆，在口咽部可见肿瘤。

3. 实验室及其他检查：鼻窦拍片或 CT 扫描示窦腔扩大，密度增高，有助于明确诊断。查血常规、出凝血时间、肝功能、肾功能等有无异常。

【护理诊断】

1. 舒适的改变：与肿瘤所致鼻腔堵塞压迫症状有关。

2. 潜在并发症：出血，与肿瘤侵蚀血管及手术创伤有关。

3. 有体液不足的危险：与瘤体破裂出血有关。

4. 知识缺乏：与缺乏疾病知识有关。

【护理措施】

1. 术前护理

（1）心理护理：介绍疾病的有关知识，使之对疾病有正确认识；介绍手术方式，使之配合治疗。

（2）密切观察出血情况，及时纠正贫血。

（3）提供舒适环境，减轻患者不适。

2. 术后护理

（1）体位：全麻未清醒者取平卧位，头偏向一侧；全麻清醒4～6h后取半卧位，床头抬高30°。

（2）密切观察生命体征变化。

（3）密切注意出血情况。

（4）前后鼻孔填塞12h后如无鼻腔出血，局部可滴用液状石蜡，以利于抽纱条时减少出血，减轻患者痛苦。

（5）观察鼻腔前端的后鼻孔纱球丝线是否有松脱现象，口腔端丝线有无断裂，严防后鼻孔纱球脱落、阻塞咽喉而引起窒息。

【健康教育】

1. 嘱患者进营养丰富的流质食物（如牛奶、要素饮食、鸡汤、排骨汤、果汁等）。

2. 餐后漱口，保持口腔清洁。

3. 禁烟酒，预防感冒。

4. 遵医嘱随访检查。

第四节　喉部疾病的护理

喉、气管与支气管异物的护理

喉、气管与支气管异物是耳鼻喉科常见的急危重症之一。多发生于5岁以下儿童，男多于女，比例5∶3。按异物来源可分为外源性与内源性。通常所说气管异物是指外物经口腔误入喉、气管与支气管的外源性异物而言，内源性异物指呼吸道内的干痂、伪膜或坏死物质等。外源性异物的来源较为广泛，有植物性、动物性、矿物性和化学合成品等四类。因异物的性质和所致气道阻塞的程度不同，可引起不同的后果，轻者可致气管、支气管和肺部损害，重者可能因窒息死亡。

【临床表现】

1. 异物进入喉部必有喉痉挛、刺激性呛咳、气促、不同程度的呼吸困难甚至发绀。

2. 异物进入气管可有剧烈咳嗽、气促、不同程度的呼吸困难及异常呼吸音。

3. 异物进入支气管后，气管炎症较为明显，常有咳嗽、发热、多痰症状。

【评估要点】

1. 一般情况：详细询问患者及家属在发病前有无明确异物接触史或吸入史，是否有突发高声呛咳、气促、声嘶症状；评估患者对疾病的认知程度等。

2. 专科情况

（1）评估患者有无呼吸困难和喘鸣音，有无发绀和“三凹征”。

（2）肺部听诊，看是否有异常呼吸音。

（3）评估患者是否有发热及咳嗽多痰表现。

3. 实验室及其他检查：胸部X线透视或拍片检查有助于明确诊断，了解血常规等术前检查，必要时行喉或支气管镜诊断性检查。

【护理诊断】

1. 清理呼吸道无效：与喉、气管及支气管内异物存留阻碍正常呼吸有关。

2. 有窒息的危险：因较大异物阻塞声门裂或气管，或异物刺激引起喉痉挛所致。

3. 有感染的危险：与异物损伤，刺激喉、气管及支气管黏膜，或阻碍其远端肺叶的正常引流所导致的继发感染有关。

4. 知识缺乏：缺少喉、气管及支气管异物的预防知识。

【护理措施】

1. 了解异物的种类、大小、形状、清洁情况、存留时间的长短、院外处理情况以及呼吸困难的发作情况。

2. 严密观察患者的呼吸变化情况。要安抚患者，尤其是儿童，避免其过度哭闹增加耗氧量，加重呼吸困难以及造成异物移位嵌顿声门裂导致窒息。如呼吸困难突然加重，要马上给予吸氧，并立即报告医生，及时实施有效的救治措施。但忌用呼吸抑制剂如吗啡、哌替啶等。

3. 床旁备好应急抢救的物品，如氧气、负压吸引器、气管插管、气管切开包、呼吸兴奋剂等，以备急救之需。

4. 严密观察有无呼吸道继发感染的表现，如发热、咳嗽、咳痰及疼痛等，若出现多表明有继发感染的存在，应通知医生给予及时处置。

5. 按医嘱做好直接喉镜或支气管镜检查的准备工作，如术前禁食、术前用药及与手术室联系等，同时要耐心细致地向患者及家属解释本次手术的目的、手术过程、术中及术后注意事

项以及可能的预后情况，使家属及患者心中有数并认同手术治疗。

6. 全麻者按全麻术后护理，及时吸出患者口腔内及呼吸道分泌物；麻醉尚未清醒前，头偏向一侧，防止误吸分泌物。了解手术过程是否顺利，异物是否完整取出，有无损伤或发生并发症，以便采取相应的护理措施。

7. 支气管镜检查异物取出后，应密切观察患者尤其是婴幼儿患者的呼吸及体温变化情况。为防止术后喉头水肿引起呼吸困难及声嘶，要及时给予激素、抗生素及吸氧处理等。若术后患者呼吸困难进行性加重，药物治疗无效时，应立即通知医师进行救治，同时做好气管切开的准备。

【应急措施】

当气管及支气管异物患者出现剧烈咳嗽、呼吸困难时应及时报告医师。

1. 使患者保持安静，避免哭闹，立即给予吸氧，保持呼吸道通畅。

2. 床旁备好应急抢救的物品，如氧气、负压吸引器、气管插管、气管切开包、呼吸兴奋剂等，以备急救之需。

3. 立即嘱患者禁饮食，做好手术的准备。

【健康教育】

1. 婴幼儿不可进食花生、瓜子、豆类等带壳食物。

2. 小儿进食时要保持安静，避免哭闹、嬉笑、追逐、打闹。

3. 教育小儿改正口内含物的不良习惯，不要强行用手企图掏取小儿口内所含异物。

4. 对昏迷、全麻及重症患者，应取下义齿及拔除松动牙齿，随时吸出口腔内分泌物。

呼吸道及食管腐蚀伤的护理

呼吸道腐蚀伤是因吸入高热气体、液体、烟尘、毒气或化学腐蚀性液体、气体，造成咽喉及下呼吸道黏膜充血、水肿甚至坏死；食管腐蚀伤是故意或误吞服化学物质，如强酸、强碱等而发病，食管浅层或深层组织受损，重者产生食管狭窄、食道闭锁等并发症。食管腐蚀伤多见于儿童、有自杀倾向的成人或精神病患者。

【临床表现】

1. 呼吸道腐蚀伤：根据下呼吸道损伤程度分为轻、中、重三型。

（1）轻型：喉黏膜充血、肿胀或发白，损伤仅及声门以上。伴有声嘶、咽喉痛、吞咽困难、唾液增多、咳嗽多痰。

（2）中型：喉黏膜水肿、糜烂，气管损伤在隆突水平以上。除有轻型临床表现还伴有刺激性咳嗽、气促甚至呼吸困难。

（3）重型：喉黏膜水肿、糜烂、有伪膜，下呼吸道损伤已达支气管、肺泡。除有中型临床表现外还出现剧烈咳嗽、脓血痰、呼吸困难以致昏迷。

2. 食管腐蚀伤

（1）急性期：1 ~ 2 周。吞咽腐蚀剂后出现口、咽、胸骨后或背部疼痛，不敢吞咽，唾液外溢，恶心、声嘶、喉阻塞症状；严重者出现全身中毒症状，表现为发热、脱水、昏迷或休克等。

（2）缓解期：受伤 1 ~ 2 周后，全身症状开始好转，创面逐渐愈合，疼痛及吞咽困难缓解，饮食逐渐恢复正常，轻伤者 2 ~ 3 周可痊愈。

（3）狭窄期：病变累及肌层者经 3 ~ 4 周，缓解期过后，由于局部结缔组织增生，继之瘢痕收缩而致食管狭窄，再度出现吞咽困难，逐渐加重。轻者可进流食，重者滴水不进，出现脱水及营养不良等全身症状。

【评估要点】

1. 一般情况：了解有无喉烫伤或灼伤史，有无误饮情况发生，接触腐蚀剂的类型、浓度、数量，接触的时间，是否做过自行处理，做过哪些处理；评估患者对疾病的认知程度等。

2. 专科情况

（1）评估患者是否有呼吸困难以及呼吸困难的程度。

（2）评估是否有吞咽困难，是否痰液增多，看痰液的颜色、气味，是否痰中带血。

（3）评估患者疼痛的程度及部位，是否有胸骨后或背部剧烈疼痛，是否有腹部疼痛。

（4）生命体征的评估，观察尿量是否改变。

3. 实验室及其他检查：X线透视确定有无并发症发生，出现纵隔气肿、气胸、胸腔积液、膈下积气表明食管穿孔或胃穿孔；食管碘油造影较安全，一般于伤后7～10d进行，需每半个月或1个月进行1次；纤维食管镜检查于伤后1周内进行，以了解病变性质、程度和范围。血常规、凝血酶原时间检查了解感染与出血倾向，肝功能、肾功能、尿常规检查了解有无肝脏、肾脏损害，电解质检查了解有无电解质紊乱、平衡失调。

【护理诊断】

1. 窒息的危险：与喉或食管腐蚀伤造成咽、喉部黏膜充血、水肿有关。

2. 感染的危险：与喉或食管腐蚀有关。

3. 清理呼吸道无效：与喉腐蚀伤损伤下呼吸道有关。

4. 语言沟通障碍：与声音嘶哑和喉部腐蚀伤有关。

5. 体液摄入不足：与咽喉部腐蚀伤引起吞咽困难有关。

6. 疼痛，咽痛、胸骨后或背部疼痛：与腐蚀剂灼伤有关。

【护理措施】

1. 了解腐蚀剂的化学性质，及时给予中和剂以减轻灼伤。

2. 遵医嘱及时给予抗生素和类固醇激素，预防喉、气管黏膜水肿及感染。密切观察患者的呼吸，及时清除呼吸道分泌物及脱落痂皮，床旁备好氧气、气管切开包、麻醉喉镜、气管插管及急救药品，必要时给予氧气吸入。对于呼吸困难患者随时准备气管切开，一旦呼吸困难，立即报告医生进行气管切开，以防窒息。

3. 注意生命体征及病情的观察，防止发生感染性休克，水、电解质紊乱及多脏器衰竭，及时静脉补充营养液和抗生素，减少并发症。

4. 注意口腔护理，防止感染发生。

5. 给予祛痰药以利于下呼吸道分泌物排出；烦躁不安者给予镇静剂；疼痛者给予镇痛。

6. 已行气管切开者给予气管切开常规护理。

7. 疑有食管穿孔者，禁止经口进食，灼伤严重胃管未插入者行胃造瘘，胃部灼伤行空肠造瘘。

8. 症状较轻者可进高能量、高蛋白流质饮食，每次餐后温开水冲洗，再口服抗生素溶液，10d 后若无吞咽困难，改为半流食，逐步过渡到普食，以扩张食管。

9. 瘢痕期患者护理中注意观察病情，防止并发症的发生，并随时配合医生做好食管扩张的准备工作。

【应急措施】

1. 患者受伤数小时内就诊者，可清水稀释后，口服中和剂。如强碱腐蚀伤，可用醋、2% 醋酸、橘子水、柠檬汁中和，反复数次，每次 100 ~ 200ml；若为强酸蚀伤者，可先用清水稀释，再用肥皂水、氢氧化铝凝胶或稀氧化镁乳剂，禁用碳酸钙或小苏打中和强酸，因可产生大量气体使胃胀痛，引起胃穿孔。冲洗后可口服或经胃管灌入牛奶、蛋清，保护胃黏膜。

2. 如喉部腐蚀伤后出现喉梗阻，应紧急行气管切开术。

3. 注意生命体征的观察，是否呼吸加快、心率加快、血压下降、体温升高，神志是否清楚，如有上述症状考虑感染性休克的发生，及时报告医生，并配合抢救。

4. 注意观察疼痛的部位、性质：若肩胛部疼痛，考虑食管上段穿孔；若背痛或上腹部疼痛，考虑为食管下段穿孔；若气管食管瘘会出现呛咳。

【健康教育】

1. 向患者讲解吞咽功能逐渐恢复期虽可以进食，并不是已痊愈，即使出院也一定要定期随访至少半年，开始时半个月1次，3个月后若无异常改为1个月1次。因为瘢痕狭窄期最早于伤后1个月开始，患者会再次出现吞咽困难，并逐渐加重，进食后可将食物全部呕出，甚至完全不能进食。

2. 向患者交代清楚饮食方式及要求。

3. 对有小儿的家庭或家中有精神病和有自杀倾向患者的，家人应加强看护，并将腐蚀剂处理好或收藏好。勿用废弃的饮料瓶盛放腐蚀剂；腐蚀剂要放到小儿拿不到的地方；装腐蚀剂的器皿要贴好标签，写明药物名称，并标明“有毒”二字；盖子要封好，小儿打不开；消毒剂或外用药切不可与口服药放在一起；教育小儿不得随意吃拾来的食物。

扁桃体炎的护理

扁桃体炎是腭扁桃体炎的非特异性炎症，临床上可分为急性和慢性两种。

【临床表现】

1. 卡他性扁桃体炎表现为扁桃体表面黏膜充血，表面无渗出物，全身及局部症状则轻，一般无高热，咽痛较轻。

2. 化脓性扁桃体炎可见扁桃体及咽腭弓明显充血，扁桃体肿大，隐窝口有黄色脓点，有时融合成片，形似伪膜。全身及局部症状较重，发病急，常有畏寒、高热，伴关节酸痛，全身不适。

3. 慢性扁桃体炎多由急性扁桃体炎反复发作演变而来。本病特点为平时多无明显自觉症状，有时患者诉咽干、发痒、异物感、刺激性咳嗽、口臭等。如扁桃体过度肥大，可能出现呼吸、吞咽或语言共鸣障碍。

4. 急性期检查可见扁桃体及腭舌弓黏膜充血肿胀，表面可见黄白色点状豆渣样渗出物，可连成一片形似假膜。慢性扁桃体炎常有下颌角淋巴结肿大。

【评估要点】

1. 一般情况：了解患者的健康状况、既往史，心理、社会状况，饮食、睡眠、生活习惯；询问患者的工作和生活环境，有无理化因素的长期刺激，有无上呼吸道的慢性炎症病史，有无风湿性关节炎、风湿热、风湿性心脏病、肾炎、低热等并发症。

2. 专科情况

（1）有无咽痛、发热、吞咽困难、耳痛等。

（2）有无高热、畏寒、食欲下降、关节酸痛等全身症状。

（3）血象是否偏高，有无下颌角淋巴结肿大。

3. 实验室及其他检查：了解血常规、心电图、血沉、抗链球菌溶血素“O”、肝功能、肾功能等有无异常。

【护理诊断】

1. 疼痛：与局部感染、手术摘除有关。

2. 吞咽障碍：与扁桃体充血、肿胀有关。

3. 潜在并发症：出血，与手术创伤有关。

4. 潜在营养不足：与发热、吞咽困难所致摄入不足有关。

【护理措施】

1. 术前护理

（1）注意休息，病重者应卧床，多喝开水，进流食及软食，保持大便通畅。

（2）控制体温：对高热患者给予冰袋冷敷、酒精擦浴等物理降温或遵医嘱给予消炎药。

（3）保持口腔清洁，可用氯已定等溶液漱口。

（4）做好血常规、尿常规、出凝血时间、心电图、胸透等检查。

（5）嘱患者术前6h禁食、水。

（6）遵医嘱术前半小时应用阿托品、苯巴比妥等药物。

2. 术后护理

（1）体位：局麻患者术后取半卧位，全麻者半清醒前应采用半俯卧位或平卧头偏向一侧，保持呼吸道通畅。

（2）嘱患者勿将口内分泌物咽下。唾液中混有少许血丝属正常现象，如持续口吐鲜血，则提示创面有活动性出血，应报告医生，采取适当的止血措施。全麻儿童若不断做吞咽动作，可能提示将血液咽下，应检查伤口，予以处理。

（3）饮食：术后4h食清凉流质饮食，如纯牛奶、雪糕、冰块，术后第2天如创面白膜均匀完整，可进半流质饮食，然后逐渐过渡为软食，2周后普食。

（4）术后当天，嘱其不说话，卧床休息，颌下冰块冷敷，以减少出血。

（5）术后第2天开始应用漱口液漱口，保持口腔及咽部清洁。

（6）术后6h白膜开始形成，24h扁桃体窝已全为白膜覆盖，此时应鼓励患者多说话，多进饮食。白膜于术后10d内逐渐脱落。

（7）如为病灶性扁桃体炎患者，术后应使用抗生素。

【健康教育】

1. 禁食辛辣、刺激性饮食，多饮水。

2. 术后当天不要讲话，卧床休息，颌下冰块冷敷，以减少出血。

3. 保持口腔及咽部清洁，术后第2天开始应用漱口液漱口。

4. 术后24h鼓励患者多说话，多进饮食。

腺样体肥大的护理

腺样体又称咽扁桃体，位于鼻咽顶后壁中线处，为咽淋巴环内环的组成部分。正常生理情况下，6～7岁时发育至最大，青春期后逐渐萎缩，到成人则基本消失。若腺样体增生肥大且引起相应症状者称腺样体肥大。本病多发生在3～5岁儿童，常与慢性扁桃体炎合并存在，成年人罕见。

【临床表现】

1. 局部症状：儿童鼻咽腔狭小，腺样体肥大堵塞后鼻孔及咽鼓管咽口，可引起耳、鼻、咽、喉等处症状。

（1）耳部症状：咽鼓管咽口受阻，将并发分泌性中耳炎，导致听力减退和耳鸣。有时可引起化脓性中耳炎。

（2）鼻部症状：常并发鼻炎、鼻窦炎，有鼻塞及流鼻涕等症状。说话带闭塞性鼻音，睡觉时发出鼾声。

（3）咽、喉及下呼吸道：分泌物刺激呼吸道黏膜，常引起阵咳，易并发气管炎。

（4）长期张口呼吸，影响面骨发育，上颌骨变长，腭骨高拱，牙列不齐，上切牙突出，唇厚，缺乏表情，出现所谓“腺样体面容”。

2. 全身症状：主要为慢性中毒及反射性神经症状。表现为营养发育不良、反应迟钝、注意力不集中，夜惊，磨牙，遗尿

等症状。

【评估要点】

1. 一般情况：了解患者的健康状况、既往史，心理、社会状况，饮食、睡眠、生活习惯，有无慢性扁桃体炎反复发作史、营养不良、反应迟钝、夜惊、磨牙、遗尿；评估患者对疾病的认知程度等。

2. 专科情况：评估有无听力减退、耳鸣、鼻塞、流涕、闭塞性鼻音，睡眠有无鼾声以及“腺样体面容”（上颌骨变长、腭骨高拱、牙列不齐，上切牙突出、唇厚、缺乏表情）等。

3. 实验室及其他检查：鼻咽部 X 线摄片及 CT 有助于了解病变范围；鼻腔检查可见鼻咽部红色块状隆起，触诊为柔软的组织团块，不易出血；术前查血常规、出凝血时间、肝功能、肾功能等有无异常。

【护理诊断】

1. 感知改变：耳鸣、听力下降，由咽鼓管阻塞引起。

2. 清理呼吸道无效：与鼻阻塞、鼻腔分泌物增多有关。

3. 自我形象紊乱：与腺样体面容有关。

4. 睡眠形态紊乱：与夜间打鼾有关。

【护理措施】

1. 非手术治疗：应注意营养，预防感冒，提高机体免疫力；可用 1% 麻黄碱滴鼻，减轻鼻塞症状。

2. 手术治疗：即施行腺样体刮除术。

（1）术前护理：①详细询问病史和体格检查，注意有无出血倾向，做心肺透视、血常规、尿常规、出凝血时间、肝功能、肾功能、心电图等检查。②保持口腔清洁，术前用复方硼砂液漱口。③术前晚间遵医嘱给予镇静剂，因需全身麻醉，术前 8h 禁饮食，手术前给予适当镇静剂，使患者安睡。④术前半小时给予适量阿托品及苯巴比妥肌注。

（2）术后护理：①全麻术后取去枕右侧俯卧位，头部稍低。②嘱患者将口内分泌物吐出，不要咽下。③密切观察有无活动性出血，全麻后如有频繁的吞咽动作，应立即通知医生并进行止血。④术后第1～2天可有反应性体温上升，不需特殊处理，如超过38.5℃，则给予物理降温。⑤术后当日进冷流质饮食，次日可进食温热半流质饮食。⑥术后第2天开始用复方硼砂液漱口，以保持局部清洁。⑦术后应使用抗生素治疗，若患者进食少，则给予支持治疗。

【健康教育】

1. 加强营养，预防感冒，提高机体抵抗力。
2. 鼻塞时可用1%麻黄碱滴鼻减轻鼻塞症状。
3. 保持口腔清洁。

咽旁脓肿的护理

咽旁脓肿为咽旁隙的化脓性炎症，早期为蜂窝组织炎，以后发展而成脓肿。

【临床表现】

有发热、寒战、出汗，体温呈弛张热，咽旁及颈侧剧痛，吞咽障碍，言语不清，有时张口困难。

【评估要点】

1. 一般情况：了解患者的健康状况、既往史，心理、社会状况，饮食、睡眠、生活习惯，有无上呼吸道的慢性炎症病史；评估患者对疾病的认知程度等。

2. 专科情况

（1）急性病容，严重时呈衰竭状态。体温呈弛张热，有头痛及食欲不振。

（2）脓肿形成后，可出现局部疼痛剧烈，吞咽困难，语言不清。

3. 实验室及其他检查：查体可见颈部、颌下区肿胀、僵硬、活动受限。查血常规白细胞总数上升，中性粒细胞比例增高为典型的细菌感染表现；了解出凝血时间、肝功能、肾功能等有无异常。

【护理诊断】

1. 体温过高：与炎症有关。

2. 舒适的改变：与疾病引起发热、局部疼痛有关。

3. 吞咽功能障碍：与脓肿形成有关。

4. 语言沟通障碍：与脓肿形成张口受限有关。

【护理措施】

1. 心理护理：向患者介绍疾病相关护理知识，减轻紧张情绪，积极配合治疗。

2. 发热患者给予物理降温。

3. 鼓励患者进食，以温凉的流食为主，张口困难者可行鼻饲。

4. 注意口腔护理。

5. 言语不清者，与患者进行交流，可采用写字、打手势的方式，以了解患者的需求。

【健康教育】

1. 用复方硼砂液漱口，以保持局部清洁。

2. 加强营养，预防感冒，提高机体抵抗力。

3. 避免进食辛辣食物。

阻塞性睡眠呼吸暂停综合征的护理

阻塞性睡眠呼吸暂停综合征为一种睡眠障碍性疾病。一般指成人在夜间7h的睡眠中，经鼻或经口的呼吸气流发生周期性中断30次以上，每次气流中断的时间为成人10s以上，儿童20s以上，或呼吸暂停指数大于5，并伴有血氧饱和度下降等一系列病理生理改变。

【临床表现】

1. 白天症状：常有晨起头痛、倦怠、过度嗜睡（与他人交谈时不自觉入睡）、记忆力差、工作效率低、行为怪异等。

2. 夜间症状

（1）打鼾：鼾声如雷，响度超过60dB，严重影响同室他人睡眠。而打鼾、停止呼吸等症状，患者醒后不能自觉。

（2）呼吸暂停频繁发作：每次持续数十秒，憋醒时患者奋力呼吸，胸腹部隆起，肢体不自主骚动。憋气与睡眠姿势有一定关系，早期病例憋气常发生于仰卧位，侧卧位时减轻或消失。

（3）其他症状：不能安静入睡，躁动、多梦、梦游、遗尿等。

3. 心血管症状：患者常表现为心律失常、高血压，严重者出现右心衰竭。

4. 肥胖：本病患者大多食欲好，尤其喜欢油腻食物，加之白天嗜睡及活动量小，因此，70%的患者属于肥胖体型。

【评估要点】

1. 一般情况：了解患者的健康状况、既往史，心理、社会状况，饮食、睡眠、生活习惯、运动情况以及家庭中有无肥胖和鼾症患者；评估患者对疾病的认知程度等。

2. 专科情况：有无晨起头痛、倦怠、过度嗜睡（与他人交谈时不自觉入睡）、记忆力差、工作效率低、行为怪异等；晚上是否不能安静入睡、鼾声如雷，严重影响同室他人睡眠。呼吸暂停频繁发作；患者有无心律失常、高血压、右心衰竭、肥胖等。

3. 实验室及其他检查：血常规检查，部分患者血红蛋白增高，肝功能、肾功能、血脂等可有阳性发现。CT扫描及纤维内镜检查，可以了解阻塞平面和范围。

【护理诊断】

1. 睡眠形态紊乱：打鼾、憋气等，与上呼吸道阻塞性病变有关。

2. 社交孤立：由于鼾声干扰他人及性格改变所致。

3. 潜在并发症：缺血性脑中风、猝死、心肌梗死、呼吸衰竭，与憋气、心律失常和心肌缺氧有关。

4. 潜在并发症：长期张口呼吸可引起口腔干燥、慢性咽喉炎。

5. 缺乏知识：不了解疾病的严重性，也不知道该如何加以防治，由于科普教育不够所致。

【护理措施】

1. 术前护理

（1）病房安排：最好能安排本病患者住单人病房，以免鼾声影响其他患者睡眠及休息。

（2）减肥：建议患者减肥，制定减肥计划和饮食。适当增加体力活动和减少摄入量。

（3）忌饮酒：酒精可使肌肉松弛和肌张力降低，从而使睡眠呼吸暂停加重。切忌随意应用中枢神经抑制剂，以免加重病情。

（4）调整睡眠姿势：建议患者尽量采取侧卧位或半坐卧位，减轻呼吸暂停症状。

（5）采用舌保护器：睡前将保护器置于口中，使舌保持轻度前置位。增加咽腔前后径距离，减轻上呼吸道阻塞症状。

（6）加强监测：定期测量血压，密切观察呼吸暂停情况，尤其于凌晨时要加强巡视。如果患者憋气时间长，应将其推醒。

（7）科普教育：对患者进行有关阻塞性睡眠呼吸暂停综合征的医疗常识教育，并对其进行心理护理，使其消除对手术治疗的紧张和恐惧心理。

2. 术后护理：由于鼻息肉、鼻中隔偏曲、扁桃体肥大、鼻咽部肿瘤等病因所引起的阻塞性睡眠呼吸暂停综合征所施行的手术，术后护理同上述疾病的护理。对于许多虽无上述疾病、但发现其软腭和悬雍垂较长、增厚，咽部软组织增多，咽腔明显狭窄的患者，可施行悬雍垂腭咽成形术或腭咽成形术，也可通过激光刀进行悬雍垂腭咽成形术。

（1）饮食：术后咽痛明显、吞咽困难者应在术后3d内给予流质或半流质饮食。

（2）床边备吸引器，嘱患者及时将咽部分泌物或血液吐至口边吸除。

（3）密切观察术后出血情况，对高血压患者应注意控制血压，并采取适当的止血措施。

（4）少数患者术后数日内暂时性软腭功能障碍，进食过程中易发生食物自鼻腔呛出，此时应嘱患者取坐位或半坐位进食，并消除进食时的紧张情绪。

（5）保持口腔卫生，经常用生理盐水或含漱液漱口。

（6）对一些重症阻塞性睡眠呼吸暂停综合征患者，某些心肺功能不良、血氧饱和度过低的患者悬雍垂腭咽成形术无效时，气管切开术是有效的治疗方法。按气管切开术后护理。

【健康教育】

1. 对患者进行有关阻塞性睡眠呼吸暂停综合征的医疗常识教育：如阻塞性睡眠呼吸暂停综合征可引起高血压、心动过缓、心脏停搏等，缺氧引起的脑损害可导致智力减退、记忆力低下、性格改变或行为异常等。

2. 适当增加体力活动和减少摄入量：肥胖者要进行饮食控制，特别注意减少糖类、脂肪类食物的摄入。

3. 忌饮酒：酒精可使肌肉松弛和肌张力降低，从而使睡眠呼吸暂停加重。

4. 切忌随意应用中枢神经抑制剂，以免加重病情。

5. 建议患者尽量采取侧卧位或半坐卧位，减轻呼吸暂停症状。

喉阻塞的护理

喉阻塞亦称喉梗阻，是因喉部或邻近器官的病变，使喉腔变狭窄或阻塞而引起严重的呼吸困难。它不是一个独立的疾病，而是一个症状。如不及时治疗，可引起窒息死亡。本病多发生于小儿，由于小儿声门狭小，喉黏膜下组织松弛，容易严重肿胀。另外，因喉神经易受刺激而易引起痉挛所致。

【临床表现】

1. 吸气期呼吸困难：为喉阻塞的主要特征。表现为吸气运动加强，时间延长，吸气深而慢，而呼气时间缩短。

2. 吸气期喉喘鸣：是喉阻塞的另一个主要特征。一般来说，喉阻塞越重，喉喘鸣越响，此时，扪及喉或气管可有颤动感。

3. 吸气期软组织凹陷：由于吸气困难，可出现胸骨上窝、锁骨上窝、肋间隙、剑突下或上腹部吸气期的凹陷，称为四凹征。凹陷的程度随呼吸困难的程度而异，儿童的肌张力较弱，凹陷更明显。

4. 声嘶：若病变累及声门裂者，则声嘶为首见症状。一般出现较晚或不出现，但在呼吸时可能发生哮吼声或笛鸣音。

5. 发绀：因缺氧而面色青紫、面容焦虑、脉搏快速、坐卧不安、烦躁，吸气时头后仰，过度疲劳而嗜睡，但片刻又因缺氧窒息感而突然惊醒。

6. 心力衰竭：若发现脉搏细速、快速或不规则，呼吸快而浅表，口唇及指甲出现青紫，四肢发冷，小儿肝脾大，这是心力衰竭、循环不良的表现，是喉阻塞的晚期症状。

【评估要点】

1. 一般情况：了解患者有无近期上呼吸道感染史，有无喉外伤史、过敏史或有害粉尘等物质接触史，对小儿患者，尤其注意有无异物接触史，并注意患者咳嗽、呼吸困难的特征。

2. 专科情况：评估患者呼吸困难的程度，临床上一般分为四度。

（1）一度呼吸困难：安静时无呼吸困难表现，活动或哭闹时出现轻度吸气期呼吸困难，稍有吸气期喉喘鸣和软组织凹陷。

（2）二度呼吸困难：安静时也出现轻度吸气期呼吸困难、吸气期喉喘鸣和软组织凹陷，活动时加重，但不影响睡眠和进食，无烦躁不安，脉搏尚正常。

（3）三度呼吸困难：吸气期呼吸困难、吸气期喉喘鸣和软组织凹陷明显，而且因缺氧而出现烦躁不安，脉搏尚正常。

（4）四度呼吸困难：呼吸极为困难。由于缺氧和二氧化碳潴留，患者坐卧不安、手足乱动、面色苍白或发绀、出冷汗、定向力丧失、心律不齐、脉搏细弱、血压下降，最后出现昏迷、大小便失禁等，如不及时抢救，则很快发生窒息死亡。

3. 辅助检查

（1）影像学检查：X 线喉部侧位摄片、喉部 CT 扫描均有助于炎症、外伤、喉部异物和肿瘤的诊断。

（2）内镜检查：纤维喉镜或直接喉镜检查具有诊断和治疗的双重意义。检查中若怀疑为喉部肿瘤，可取活组织病理检查，发现喉部异物则随即取出。

【护理诊断】

1. 有窒息的危险：与喉阻塞有关。

2. 语言沟通障碍：与喉部疾病引起的声音嘶哑或失声有关。

3. 低效型呼吸形态：与吸气型呼吸困难有关。

4. 清理呼吸道无效：与喉阻塞有关。

【护理措施】

对急性喉阻塞患者，特别是严重阻塞者，必须分秒必争，尽快设法解除其呼吸困难，改善其缺氧状况。护理应根据呼吸困难的程度及治疗方法的不同而采取相应的措施。

1. 一度呼吸困难

（1）认真询问病史，全面评估患者，明确引起呼吸困难的原因。

（2）室内保持一定的温度（18～20℃）和湿度（相对湿度70%以上）。

（3）如为炎症引起，应及时按医嘱给予抗生素和类固醇激素治疗。

（4）使患者尽量减少活动，并注意观察其呼吸形态的改变。

（5）适当给予低流量（1～2L/min）的氧气吸入。

2. 二度呼吸困难

（1）设专人护理，保持安静，绝对卧床休息，减少耗氧量。

（2）限制探视人数，最好住单间，减少刺激因素。

（3）氧气吸入量可适当增至2～4L/min。

（4）积极做好气管切开或异物取出的准备。

（5）取半卧位或坐位。

（6）必要时做雾化吸入或超声雾化吸入，并在雾化罐内加入地塞米松、α－糜蛋白酶、抗生素、稀释痰液药物以及其他减轻气管、支气管痉挛性收缩的药物。

3. 三度呼吸困难

（1）密切观察患者的生命体征及缺氧的变化。

（2）保持周围环境绝对安静，减少或杜绝包括声、光、气味等在内的一切刺激。

（3）护士应尽量保持镇静，避免临阵慌乱及手足无措，尽快做好气管切开准备。

（4）在实施迅速解除喉阻塞措施无效的情况下，吸氧作为辅助治疗。

（5）及时吸出呼吸道分泌物。

（6）由于患者烦躁不安，护士应守在其身边，切实注意安全，防止坠床或碰伤。

4. 四度呼吸困难：患者处于晚期，伴有多个器官的衰竭，仍必须分秒必争地进行抢救。

（1）立即床边准备气管切开包，并迅速做好气管切开的一切准备，必要时可先行环甲膜切开术或气管插管术。护士应迅速、及时、准确地执行各项医嘱，做到忙而不乱。

（2）严密观察患者生命体征、意识变化，及时报告医生。在临床上，经常由于情况紧急而就地行气管切开术，因此，病房护士也应熟悉气管切开术的一般配合，以免由于配合不当而贻误抢救。

【应急措施】

喉阻塞发生三至四度呼吸困难时采取以下措施：

1. 取半卧位或坐位，及时吸出呼吸道分泌物，高流量 4～6L/min 吸氧。

2. 备齐抢救用物、药物，准备行气管切开术。

【健康教育】

1. 急性喉炎要及时治疗，防止反复发作。急性喉炎发作时要及时就医治疗，以免病情加重。

2. 正确发声，避免用声过度。

3. 避免吸入有害气体、化学粉尘及过度吸烟、饮酒。

4. 避免气管内异物的发生，进食时勿说、笑，勿给儿童吃瓜子、果冻等食品。

急性会厌炎的护理

急性会厌炎是一种以声门上区会厌为主的急性炎症，又称急性声门上喉炎。成人及儿童均可发病，成人更好发，且男性多于女性，具有起病急、进展快、易致喉阻塞等临床特点。

【临床表现】

1. 发热：多数患者起病急骤，有畏寒、乏力和高热等全身症状，体温多在 38 ~ 39℃。儿童及老年患者症状更为严重，可有精神委靡，四肢发冷，面色苍白，血压下降，甚至可发生晕厥或休克。

2. 喉痛：多数患者喉痛剧烈，且在吞咽时加重。间接喉镜下检查会厌高度充血肿胀，尤以舌面为甚，严重时增厚成球状。若脓肿形成，在会厌舌面可见黄白色脓点。杓会厌皱襞、杓状软骨等处黏膜亦可有充血肿胀。

3. 呼吸困难：若治疗不及时可出现不同程度的吸气性呼吸困难，严重者短时间内可发生窒息，但很少出现声音嘶哑，语音因会厌肿胀而含混不清。

4. 吞咽困难：发生很快，重者饮水呛咳，张口流涎。

【评估要点】

1. 一般情况：了解患者生命体征有无异常，有无外伤史或较长时间接触有毒气体、放射线等，是否为易感体质或近期患某种传染病；患者对疾病的认知程度。

2. 专科情况：评估患者呼吸困难程度、喉痛情况，有无声音嘶哑、吞咽困难。

3. 实验室及其他检查：血常规可见白细胞升高，喉部侧位片可见肿胀的会厌，界限清楚，对小儿急性会厌炎有一定的诊断价值。咽拭子细菌培养及药敏试验、有助于治疗。

【护理诊断】

1. 体温过高：与急性会厌重度感染有关。

2. 疼痛：与会厌炎性充血有关。

3. 吞咽障碍：与会厌高度充血肿胀以及剧烈咽痛有关。

4. 有窒息的危险：与急性喉阻塞有关。

【护理措施】

1. 嘱患者安静休息，多饮水，进易消化的食物如米粥、软饭、汤等。

2. 保持口腔清洁，可用 Dobell 液或生理盐水漱口。

3. 注意观察体温变化，体温过高者应及时采用物理降温如酒精浴、温水浴等。

4. 静脉给予大剂量抗生素和激素是治疗本病的主要措施，应按医嘱及时给药，严格“三查七对”。

5. 严密观察患者呼吸形态，必要时吸氧。对于严重病例应做好气管切开的准备，以防窒息。

6. 已行气管切开术者，按气管切开术后护理。

7. 采用雾化吸入，以减轻症状。

【应急措施】

患者出现呼吸困难时，应取坐位或半卧位，一度呼吸困难给予低流量吸氧（1～2L/min），二度呼吸困难给予中流量吸氧（2～4L/min），遵医嘱给予激素治疗（地塞米松 5～10mg 肌内注射或静脉注射）。出现三至四度呼吸困难时，应做好气管切开术准备，备好抢救药物。

【健康教育】

1. 提高患者对本病的认识，了解其严重性。

2. 本病易复发，应避免感冒，一旦复发要及时就医治疗。

3. 积极治疗，防止会厌周围邻近器官的感染。

4. 积极锻炼身体，增强抵抗力。

急性喉炎的护理

急性喉炎是指喉黏膜及声带的急性炎症，为呼吸道常见急性感染性疾病之一，占耳鼻喉科疾病的1% ~2%。常继发于急性鼻炎及急性咽炎。男性发病率较高。发生于小儿病情较严重，此病多发生于冬春两季。

【临床表现】

1. 声嘶：是急性喉炎的主要症状，轻者发声时失去圆润和清亮，音调变低、变粗；重者发声嘶哑，更甚者仅能做耳语或完全失声。

2. 喉痛：患者喉部不适、干燥、异物感，喉部及气管前有轻微疼痛，发声时喉痛加重。

3. 咳嗽有痰：因喉黏膜发炎时分泌物增多，常有咳嗽，起初干咳无痰，至晚期则有黏脓性分泌物，因较稠厚，常不易咳出，黏附于声带表面而加重声嘶。

4. 全身症状：成人一般全身中毒症状较轻。重者可有发热、畏寒、疲倦、食欲不振等症状。因急性喉炎可为急性鼻炎或急性咽炎的下行感染，故常有鼻部、咽部的炎性症状。

【评估要点】

1. 一般情况：评估患者生命体征有无异常、有无呼吸困难、对疾病的认知程度。

2. 专科情况：评估患者声嘶、喉痛情况，有无急性鼻炎、咽炎，有否治疗。

3. 实验室及其他检查：血常规可见白细胞升高，间接喉镜、间接鼻咽镜、前鼻镜、喉部侧位片、咽拭子细菌培养及药敏试验有助于本病的诊断和治疗。

【护理诊断】

1. 语言沟通障碍：与急性喉炎引起的声嘶或失声有关。

2. 体温过高：与喉部感染有关。

3. 有窒息的危险：与喉阻塞有关。

【护理措施】

1. 卧床休息，少用声。

2. 禁烟酒、刺激性食物。

3. 超声雾化吸入。

4. 及时、准确地遵医嘱给予抗生素及激素，密切观察其不良反应。

5. 密切观察患者病情变化，必要时吸氧，出现三至四度呼吸困难时做好气管切开准备，备好抢救药物。

6. 小儿患者使其安静，减少哭闹，以免加重呼吸困难。

【应急措施】

患者出现呼吸困难时，应取坐位或半卧位，一度呼吸困难给予低流量吸氧（1~2L/min）；二度呼吸困难给予中流量（2~4L/min）吸氧，遵医嘱给予激素治疗（地塞米松5~10mg肌内注射或静脉注射）；出现三至四度呼吸困难时，应做好气管切开术准备，备好抢救药物。

【健康教育】

1. 提高患者对本病的认识，了解其严重性，发病时及时就诊。

2. 避免小儿到人群密集的地方，注意气温变化，防止感冒。

3. 积极锻炼身体，增强抵抗力。

4. 本病易复发，应避免感冒，一旦复发要及时就诊。

喉息肉的护理

喉息肉，发生于声带者为声带息肉。喉息肉多为声带息肉。

可由用声不当与用声过度、上呼吸道病变、吸烟、内分泌紊乱、变态反应等原因引起。

【临床表现】

主要为声嘶，息肉垂于声门下腔者常伴有咳嗽。巨大的息肉位于两侧声带之间者，可完全失声，甚至可导致呼吸困难和喘鸣。

【评估要点】

1. 一般情况：评估患者生命体征是否正常，有无心、肾疾病及糖尿病、风湿病等全身性疾病，有无烟酒嗜好，是否接触刺激性致病因子，对疾病的认知程度。

2. 专科情况：评估患者有无鼻腔、鼻窦、口腔、咽部等上呼吸道感染，声嘶情况，呼吸困难情况，有无用声过度、发声不当。

3. 实验室及其他检查：纤维喉镜、间接喉镜、肿物取活检等。

【护理诊断】

1. 语言沟通障碍：与喉息肉引起声嘶或失声有关。

2. 有窒息的危险：与巨大的喉息肉引起喉阻塞有关。

【护理措施】

1. 做好心理护理，使患者积极配合治疗及护理。

2. 有呼吸困难者给予吸氧，遵医嘱给予激素、抗生素治疗。密切观察患者呼吸困难情况，必要时做好气管切开准备。

3. 注意观察患者声嘶情况及进食情况。

4. 做好各项术前准备工作。

5. 术后严密观察患者伤口出血的量、性质、颜色、呼吸情况，如做气管切开，则按气管切开术后护理。

6. 术后适当休声，练习科学发声，以防复发。

【应急措施】

患者出现呼吸困难时，应取坐位或半卧位，一度呼吸困难给予低流量吸氧（1～2L/min）；二度呼吸困难给予中流量（2～4L/min）吸氧，遵医嘱给予激素治疗（地塞米松5～10mg肌内注射或静脉注射）；出现三至四度呼吸困难时，应做好气管切开术准备，备好抢救药物。

【健康教育】

1. 禁烟酒、刺激性食物如葱、蒜、辣椒等。

2. 勿长时间高声讲话，科学发声。

3. 清除职业性致病因子，避免接触有害气体。

4. 养成良好的卫生习惯。

5. 积极治疗急慢性喉炎、鼻炎、鼻窦炎、咽炎等上呼吸道感染。

6. 积极治疗心、肾疾病及糖尿病、风湿病等全身性疾病。

喉癌的护理

喉癌为发生于喉腔黏膜的恶性肿瘤，以鳞状上皮细胞癌多见。好发年龄为50～70岁，发病率男性高于女性。其病因迄今尚难确定，可能与烟酒刺激、空气污染、慢性炎症、病毒感染和遗传等因素有关。根据癌肿的发生部位，喉癌大致分为三种类型：声门上型、声门型和声门下型。

【临床表现】

1. 声音嘶哑：为喉癌的主要症状，常为进行性加重，重者甚至可失声。声门型喉癌早期即出现声嘶，而声门上型和声门下型喉癌声嘶则为其晚期症状。

2. 疼痛：声门上型如会厌癌常出现喉痛，甚至可经迷走神经反射至同侧耳部，吞咽时疼痛加重。

3. 吞咽困难：声门上型喉癌早期出现咽部不适和异物感，

晚期侵犯舌根可引起吞咽困难，当累及喉咽部或声门下型喉癌向后侵及食管时，也可出现吞咽困难。

4. 咳嗽和咯血：多为喉癌晚期表现。

5. 呼吸困难：声门裂是呼吸道最狭窄的部位，随着肿瘤的增大使声带运动受限或固定，可出现吸气性呼吸困难，进行性加重伴喉喘鸣。当肿瘤组织坏死、出血或感染时可出现口恶臭和严重的喉阻塞，需紧急处理。

6. 颈部转移性肿块：多见于声门上型和声门下型喉癌，晚期声门型亦可发生。

【评估要点】

1. 一般情况：评估患者生命体征有无异常，询问其患病前的健康状况、既往史、过敏史、家族史，有无不良生活习惯和环境因素，如有无长期吸烟史、饮酒史或长期生活工作在污染的环境中，患者的营养状况是否能耐受手术，有无消瘦、贫血等，患者对疾病的认知程度。

2. 专科情况

（1）评估患者的颈部、喉体大小是否正常，颈部有无肿大淋巴结。

（2）评估有无呼吸困难和喉哮鸣音，痰液的颜色、气味，是否痰中带血。

（3）是否有吞咽困难、喉部不适或异物感及放射性耳痛。

（4）评估患者是否有声嘶，早期声嘶可时轻时重，以后可逐渐加重。

（5）有无近期影像学检查及活组织检查结果，有否治疗。

3. 实验室及其他检查

（1）在喉部断层片及侧位平片上可见受侵犯部位有边缘不规则的软组织块影，突出于透明的气道中使呈不规则狭窄，或呈浸润状致喉增厚。造影片中可见癌的存在区有充盈缺损，边缘毛糙，不如正常的光滑平整。

（2）活组织检查多数在喉镜下取标本活检，有呼吸困难者先行气管切开后再行活检。间接喉镜检查、直接喉镜检查或纤维喉镜检查常见声带肿物或喉室内肿物，多呈菜花状，有时伴有声带固定、喉活动差或固定。

【护理诊断】

1. 语言沟通障碍：与肿瘤侵犯声带及术后造成声嘶或失语有关。

2. 焦虑：与患喉癌并对其预后的怀疑及术后痛苦的恐惧有关。

3. 有窒息的危险：与喉癌逐渐增大或并发感染出血引起喉阻塞有关。

4. 进食自理缺陷：与喉切除术后短期需经鼻饲管进食有关。

5. 自我形象紊乱：与术后佩戴气管套管及失声有关。

6. 舒适的改变：与呼吸困难、喉痛、手术创伤有关。

【护理措施】

手术、放疗和化疗是治疗喉癌的三大基本手段。根据患者肿瘤部位、范围、分化程度和全身情况，上述方法可单独使用，也可联合应用综合治疗。治疗手段不同，护理措施也有所不同。

1. 未做特殊治疗前的护理

（1）心理护理：根据患者的心理承受能力，将喉癌诊断委婉地告诉患者或暂时保密，以消除其恐癌心理，如需行全喉切除术，介绍摘除喉的必要性及术后语言沟通的替代方法，消除其术后沟通和表达障碍的疑虑。

（2）呼吸困难的护理：加强巡视，嘱卧床休息，必要时吸氧或施行气管切开术。

（3）口腔护理：保持口腔清洁，注意刷牙漱口，对龋齿做相应处理。

（4）预防误吸：声门上型癌或合并喉返神经麻痹易发生误吸，因此，患者进食时取坐位或半坐位，以软食为好。

（5）术前给予抗生素，预防术后发生咽瘘。

（6）忌烟酒。

（7）全身支持疗法：术前应加强营养，给予高蛋白及高热量饮食，如肉、鱼、蛋、奶、点心、巧克力等。进食困难者按医嘱给予静脉高营养。

2. 放疗患者的护理

（1）心理护理：向患者及家属介绍放疗可以保留喉功能，早期喉癌经放疗可治愈，使其充满信心，克服放疗反应，坚持完成疗程。

（2）注意呼吸困难：放疗使喉黏膜肿胀，加重喉梗阻。因此，有呼吸困难的患者先行气管切开后再行放疗；已做气管切开患者，放疗前需更换非金属性套管。

（3）皮肤护理：颈部皮肤有红肿、糜烂等放疗反应，应清洁后涂抗生素油膏保护。

3. 全喉切除术的护理

手术前准备：

（1）遵医嘱常规备皮。

（2）患者术后将暂时或永久失去发声能力。因此，术前需交代术后表达需求的交流方式，如备好纸、笔、写字板或练习打手势。

（3）术前注意口、鼻腔清洁，有炎症者积极控制感染。

（4）术前 8h 禁食、水。

（5）术前 1h 置鼻饲管，全麻后置尿管。

手术后护理：

（1）术后 24h 内专人护理。

（2）体位：床头抬高 30°～45°，同时保持头颈轻度前倾。

(3) 注意观察重要生命体征：术后24h内伤口有发生出血的可能，应密切观察。注意血压、脉搏、呼吸和体温的变化，如有异常及时报告医师处理。

(4) 饮食：术后第1天可经鼻饲管给予混合流质饮食，观察鼻饲后反应。如伤口愈合良好，术后10d可拔鼻饲管，恢复经口进食；若发生咽瘘，鼻饲管应保留至咽瘘愈合。若为胃代食管术者，鼻饲管用于胃肠减压，待肠蠕动恢复后方可行鼻饲饮食。

(5) 口腔护理：嘱患者术后10d内勿做吞咽动作，将口中血性分泌物吸出或吐出，口腔护理每日3次。

(6) 负压引流的护理：保持负压引流管通畅，记录每日引流量及颜色，检查有无血凝块、褶皱等，术后第2~3天根据引流情况拔除。

(7) 气管套管护理：气管套管的带子应打死结，以防套管脱落，松紧度以容纳一手指为宜。套管口覆盖双层无菌湿纱布，及时吸出套管内分泌物，定时清洗消毒内套管，定期向套管内滴入抗生素，每日做雾化吸入，以稀释痰液，防止形成痰痂。每日更换喉垫，保持伤口清洁干燥。室温保持在22℃，相对湿度80%~90%。

(8) 失语护理：对患者不能做语言交流造成的痛苦表示同情和理解，耐心领会患者用书写或手势表达的心情和要求。

4. 部分喉切除术的护理：基本同全喉切除术护理，尚需注意以下几点。

(1) 气管切开护理：各种类型部分喉切除术患者均需同时施行气管切开术。因此，只有在确认无喉狭窄和吞咽、呼吸功能障碍后才考虑拔管。

(2) 吞咽训练：患者多需经一定时间的吞咽训练不发生呛咳时才能正常进食。训练方法为：嘱患者取半卧位或坐位，深吸气后屏住，然后进一小口食物，吞咽 3 次，最后做咳嗽清喉动作，将停留在声门处食物咳出。如此反复练习，直至进食时不发生误吸。患者首次练习经口进食时，应有医护人员守护。

5. 颈廓清手术护理：此手术可引起出血、感染、乳糜瘘、咽瘘、颅内压增高等并发症。因此，应密切观察患者上述各个方面，观察并记录每日引流液的颜色及量。如遇到颈动脉突然破裂大出血，应立即采取手指或纱条压迫止血，并迅速请医师处理。

【应急措施】

出现急性喉梗阻征象时，如极度吸气性呼吸困难伴有喉喘鸣，吸气时软组织凹陷甚至窒息时，应立即取半卧位或坐位，给予氧气持续吸入，地塞米松 5mg 肌内注射，不缓解时可重复使用 1 次，必要时行气管切开以解除呼吸道阻塞，同时建立静脉通道。

【健康教育】

1. 告诫患者戒烟酒，少食辛辣及刺激性食物。

2. 避免有害气体的刺激，及时治疗喉部慢性炎症。

3. 对于带管出院患者应教会患者及家属对气管瘘口的自我护理。

4. 出院后禁止游泳，沐浴时防止水吸入气管引起窒息。

5. 气管套管口带喉罩，防止灰尘及异物进入气管。

6. 气管造瘘口出现红肿、溢脓，颈部出现包块，不明原因的痰中带血，呼吸困难，清洗内套管后不缓解者应及时来院就诊。

第三章　口腔科疾病的护理

第一节　口腔内科常见疾病的护理

龋病的护理

龋病是在以细菌为主的多种因素影响下，牙釉质、牙本质、牙骨质发生的一种慢性进行性破坏性疾病。它是口腔科常见病、多发病。龋病发生归结为细菌、食物、宿主、时间共同作用的结果，根据龋损程度分为浅龋、中龋、深龋。

【临床表现】

1. 浅龋：龋蚀只限于牙釉质或牙骨质，牙表面呈白垩色或斑，继之呈黄褐色或黑色，患者无自觉症状。

2. 中龋：龋蚀已进行到牙本质浅层，患者对冷、热、酸、甜等刺激较为敏感，尤其对冷刺激更为敏感。

3. 深龋：龋蚀已进行到牙本质深层，对温度变化和化学刺激敏感，但无自发痛。

【评估要点】

1. 一般情况：了解患者口腔卫生状况及饮食习惯，尤其是儿童患者要询问其有无睡前吃甜食的嗜好，了解其对疾病的认知程度。

2. 专科情况

（1）评估患者牙齿色、形、质的改变。

（2）评估患者对温度刺激和化学刺激的敏感程度。

（3）评估患者是否有自发痛。

（4）有无近期影像学检查及牙髓活力测试，有否治疗。

3. 实验室和其他检查

（1）X 线检查：了解龋洞的深度。

（2）牙髓活力测试：了解深龋的牙髓状况。

【护理诊断】

1. 组织完整性受损：与龋坏造成牙体硬组织缺损有关。

2. 潜在并发症：牙髓炎、根尖炎等。

3. 知识缺乏：与患者对龋病的预防及早期治疗的重要性认识不足、卫生宣教不够有关。

【护理措施】

1. 术前准备

（1）器械和用物：一次性口腔器械盒 1 套、光固化灯、黏固粉充填器、各型车针、银汞充填器、成形片及成形片夹、楔子、赛璐珞薄膜、凡士林、咬合纸、橡皮轮、棉球或棉卷、小棉球。

（2）药品：樟脑酚合剂、丁香油、75% 酒精。

（3）修复垫底材料：银汞胶囊、复合树脂、玻璃离子黏固粉、磷酸锌黏固粉、氧化锌丁香油黏固粉、氢氧化钙、免酸蚀黏接剂。

2. 术中配合

（1）安排负责就位：调节椅位使患者处于舒适的位置，以便于医护操作为准；使灯光聚向口腔术野，安慰患者。若在治疗过程中有不适现象告知患者，请举手示意；对高度紧张的患者，可通过播放音乐、聊天等方法来分散注意力，消除其恐惧紧张心理。

（2）制备洞型：医生制洞时固定患者头位，尤其是儿童，对难以开口的患儿要使用开口器。护士协助牵拉口角，用吸唾器及时吸净冷却液扩大视野。

（3）隔湿消毒：据医嘱选用消毒药物，在消毒前协助医生把消毒棉球置于牙齿的颊（唇）、舌侧隔湿。

（4）调拌垫底和充填材料：据医嘱调拌垫底和充填材料，在调拌时应根据窝洞大小和医生习惯、操作熟练程度来决定所需材料的量以及调拌时间。

（5）充填完成后，清理用物：将所有器械、车针、经灭菌后备用。

3. 术后指导：医护共同协作完成充填术后，要告诉患者24h不要用被修复牙咀嚼食物。

【健康教育】

1. 保持口腔卫生：在婴幼儿时期，家长都应每天帮助其做口腔清洁工作，尤其是在每次喂奶后，进甜食或喂药后，可用清洁的软纱巾裹住手指或软毛小牙刷蘸白开水放入儿童口腔轻柔地擦洗牙面、牙龈等口腔组织。3岁以后的儿童要在家长的带领下刷牙，刷牙不仅可以有效地去除菌斑、软垢、食物残渣，并且可以促进牙龈健康。广泛深入地宣传刷牙的重要性，帮助儿童建立并保持良好的刷牙习惯，掌握正确刷牙方法，教会其如何选用适宜牙刷、牙膏都非常重要。

（1）牙刷的选用：牙刷刷头要适合口腔的大小，刷毛软硬要适宜，排列平齐，毛束适量，一般为3～4排宽，每排10～12束长，各束之间有一定间距。牙刷在每次使用后应用清水反复冲洗，然后将刷毛上水分甩开，放置在通风干燥处。不要将牙刷刷头倒置在漱口杯中，连续使用超过3个月的牙刷应更换。当牙刷失去弹性、弯曲或折断时应及时更换。

（2）牙膏的选用：主要应该以其效果和安全性为主要考虑

依据，结合牙膏的香型、价格、外观、特质、发泡、摩擦剂、清洁能力、品牌以及个人的喜好和某些口腔特殊需要进行选择。儿童和青少年由于新萌出乳牙、恒牙，沟窝较深，应选用含氟化物牙膏，成年人也可使用。中老年人由于牙齿磨损时间长，可选用脱敏牙膏。

（3）刷牙方法：①BASS刷牙法：BASS刷牙法是最为广泛接受的一种刷牙方法。牙刷刷毛指向根尖方向（下颌牙向上，上颌牙向下），洗刷牙齿的唇（颊）、舌（腭）面时，刷毛紧压在骀面，使刷毛端进入裂沟区。牙刷做前后向的短距离来回颤动拂刷，即移动距离不超过牙面1/4，每组短横刷包括2~3颗牙，颤动不少于10次，完成后牙刷移向下一组，一定要重叠放置，使每个牙面得到重复全部的拂刷。②旋转刷牙法：又称竖刷法。刷毛置于牙龈黏膜上，成45°角，然后将牙刷沿牙龈向冠方移动。各部位可重复该动作8~10次，刷洗骀面时，将刷毛置于骀面以水平方向做前后移动。

以上刷牙方法，各个部位都要刷到，每次刷牙一般需要2~3min。

如果选用了不适当的刷牙方法，非但不能达到洁牙除菌的目的，还有可能引发牙龈萎缩、牙槽骨吸收、牙本质过敏、楔状缺损等牙及牙周软硬组织的病变。

（4）刷牙次数：提倡“早晚刷牙、饭后漱口”，特别强调晚上睡前刷牙的重要意义。

2. 定期进行口腔检查：2~12岁儿童每半年1次；12岁以上1年1次。以便早期发现，早期治疗。

3. 采用特殊防护措施：饮水、饮食中加氟以药物防龋，使用含氟牙膏或每天喝一定量氟化牛奶以及点隙窝沟封闭防龋。

4. 限制蔗糖的摄入频率：教育儿童和青少年少吃零食，建立合理的饮食习惯，多食粗粮，注意限制多食盐多脂肪食物，尤其不能在临睡前进甜食。在进甜食后立即漱口，可使用蔗糖代用品，如木糖醇。

牙髓病的护理

牙髓病是指牙髓组织的疾病，包括牙髓充血、牙髓炎、牙髓变性和牙髓坏死等，其中以牙髓炎最常见。牙髓炎多由感染引起，深龋是引起牙髓感染的主要途径。其次是牙周病，因牙周袋感染经根尖孔进入髓腔引起逆行感染。另外，物理、化学刺激也可引起牙髓病变。

【临床表现】

1. 急性牙髓炎

（1）自发性、阵发性剧烈疼痛。

（2）冷热刺激可激发疼痛或使疼痛加剧。

（3）夜间加重。

（4）疼痛不定位，患者往往不能准确指出患牙。

2. 慢性牙髓炎：临床症状不典型，表现轻重不一，疼痛性质较轻，为隐痛、钝痛或胀痛，对温度、食物嵌塞反应不一致，有的疼痛较重，常持续较长时间才止痛。

【评估要点】

1. 一般情况：询问患者的饮食、睡眠情况，有无传染病病史；了解对疾病的认知程度。

2. 专科情况

（1）评估患者是否有龋齿或牙周病。

（2）评估患牙的颜色和透明度。

（3）评估患牙近期有无受到物理及化学药物刺激。

（4）评估患者疼痛的性质、发作方式和持续时间。

3. 实验室和其他检查：温度试验或牙髓活力测试，用来确定患牙部位。

【护理诊断】

1. 疼痛：与牙髓感染有关。

2. 焦虑：与疼痛反复发作有关。

3. 睡眠形态紊乱：与疼痛使患者无法获得充足睡眠有关。

4. 知识缺乏：与患者对牙病早期治疗的重要性认识不足有关。

【护理措施】

1. 安抚术的护理

（1）术前准备：①器械和用物，一次性口腔器械盒、高速车针、双头刮匙、黏固粉充填器、大小棉球。②药物和材料，消毒药物、氢氧化钙、氧化锌丁香油黏固粉、调拌刀和调拌板，如做永久充填则备相应材料和用物。

（2）术中配合：①医生备好洞型后，协助隔湿，取一消毒小棉球蘸少量消毒药物供医生消毒窝洞，备一小丁香油棉球于治疗盘中，调拌氧化锌丁香油黏固粉，暂封 7～10d。嘱患者若有不适随时就诊。②若第二次复诊时，患者无不良反应，遵医嘱备永久充填材料。

2. 盖髓术的护理

（1）术前准备：①器械和用物，一次性口腔器械盒、车针、双头刮匙、注射器、牙髓活力测试仪、调拌刀与调拌板、黏固粉充填器、银汞充填器、大小棉球。②药品和材料，消毒药物、氢氧化钙糊剂、丁香油、生理盐水、氧化锌丁香油黏固粉、磷酸锌黏固粉、银汞胶囊或复合树脂。

（2）术中配合：①备一丁香油棉球置于治疗盒中，协助隔湿和盖髓。②调拌氧化锌丁香油黏固粉暂封 1～2 周，复诊时无症状，牙髓活力基本正常，待医生去除部分暂封材料后，调拌磷酸锌黏固粉作第 2 层垫底，最后遵医嘱准备永久充填材料。

3. 活髓切断术的护理

3. 使患者了解若牙髓死亡，极易导致牙齿缺失。

根尖周围组织病的护理

根尖周病是指牙齿根尖周围组织的疾病，包括牙周膜、牙骨质和牙槽骨。发病原因主要是感染，其次是外伤及化学刺激。根尖周病分为急性根尖周炎和慢性根尖周炎，临床上以慢性根尖周炎多见。

【临床表现】

1. 急性根尖周炎：患牙大多有深龋，有浮起感，咀嚼时疼痛加重。患者能指出患牙。病变加重则发展为急性化脓性根尖周炎。

2. 慢性根尖周炎：一般无自觉症状。有时有轻微咬合痛，根尖区牙龈可发现窦道孔。

【评估要点】

1. 一般情况

(1) 评估患者是否发热，有无颌下淋巴结肿大。

(2) 评估患者是否患有牙髓炎及有无牙髓炎治疗史；了解患者对疾病的认知程度。

2. 专科情况

(1) 评估患牙疼痛性质。

(2) 评估患牙根尖区牙龈状况。

(3) 近期有无影像学检查，有否治疗。

3. X 线检查：了解根尖区情况。

【护理诊断】

1. 疼痛：与炎症引流不畅有关。

2. 口腔黏膜改变：与慢性根尖周炎引起窦道有关。

3. 知识缺乏：与患者对疾病病因及治疗知识认识不足有关。

【护理措施】

1. 术前准备

（1）器械和用物：一次性口腔器械盒、钻针、根管治疗器械1套、双头挖器、根管充填器、根充材料、各型充填器、调拌刀和板、酒精灯、火柴。

（2）药物和材料：冲洗药物和消毒药物、根充糊剂、磷酸锌黏固粉及永久充填材料。

2. 根管预备护理配合

（1）调好椅位：根管治疗术是一项细致、复杂、需较长时间的操作，患者椅位需调到很舒适的位置，以免因操作时间长而疲劳不适。

（2）协助隔湿同活髓切断术。

（3）用根管扩锉针从细到粗反复扩锉，然后用2%氯亚明和3%过氧化氢交替冲洗，最后用生理盐水冲净。

（4）根管经预备后，将蘸有消毒液的棉捻置于根管内，用氧化锌丁香油糊剂暂封窝洞1周。

（5）嘱患者按预约时间复诊。

3. 根管充填护理配合：根管充填是根管治疗的最后一步，整个过程在无菌情况下实施。

（1）遵医嘱备好根充糊剂。

（2）根据根管长度和粗细选择合适牙胶尖，先将糊剂送入根管内，再将消毒后牙胶尖插入根管，以填满根管为度，用加热后充填器去除多余牙胶，最后做永久充填。

【健康教育】

1. 使患者了解本病的发病原因、治疗过程及可能出现的问题。

2. 指导患者了解治疗步骤及目的，取得合作。

3. 嘱患者准时复诊，保持治疗的连续性，达到治疗最佳效果。

牙周炎的护理

牙周炎是牙龈和牙周支持组织的一种慢性破坏性疾病，表现为牙龈、牙周膜、牙骨质及牙槽骨均有改变。牙周袋形成是其主要特点。病因主要是口腔卫生不良，局部菌斑、牙石刺激所致；全身因素可能与营养代谢障碍、内分泌紊乱等有关。

【临床表现】

1. 牙龈炎症：牙龈红肿，颜色深红，在刷牙、进食、说话时牙龈出血。

2. 牙周袋形成：龈沟加深超过正常深度 2mm 以上。

3. 牙周袋溢脓：由于牙周袋内细菌感染，出现慢性化脓性炎症。

4. 牙齿松动：由于牙周膜破坏，牙槽骨吸收而出现的症状。

【评估要点】

1. 一般情况：了解患者身体健康状况及口腔卫生情况，有无口呼吸习惯；评估患者是否有体温升高，淋巴结是否有肿大；了解对患者疾病的认知程度。

2. 专科情况

（1）评估患者牙龈色、形、质的改变，是否说话或刷牙时牙龈出血，是否有口臭。

（2）评估患者牙齿是否松动，咀嚼功能是否受限。

（3）近期有无影像学检查，有否治疗。

3. 实验室和其他检查：X 线片显示牙槽骨呈水平式吸收，牙周膜间隙增宽，骨小梁疏松等。

【护理诊断】

1. 口腔黏膜改变：与牙龈充血、水肿、色泽改变有关。

2. 自我形象紊乱：与牙齿缺失、口臭影响正常交往有关。

3. 知识缺乏：与对牙周病的预防与早期治疗的重要性认识不足有关。

【护理措施】

龈上洁治术和龈下刮治术是清除牙结石，减缓牙周袋形成的重要手段。

1. 洁治术护理配合

（1）向患者进行解释工作，消除患者的恐惧心理。手术过程中护士在身旁进行鼓励和安慰。

（2）调节椅位、灯光，保持视野清晰。

（3）根据洁牙位不同及各医师使用器械习惯不同，准备相应洁治器。

（4）按洁治前后的用药顺序备各种药品，如2%碘酒、3%过氧化氢。

（5）若用超声波洁牙器，备已消毒洁牙机头，术前指导患者用3%过氧化氢10～20ml含漱1min。

（6）术中护士协助牵拉唇、颊及口角，及时吸唾。

（7）牙石去净后，备橡皮杯蘸抛光膏打磨牙面，备棉球拭干手术区，用镊子夹持碘甘油放于龈沟内。

2. 刮治术护理配合

（1）常规准备所需刮治器。

（2）调节灯光、椅位。

（3）准备麻醉药并吸好备用。

（4）根据刮治前后用药顺序准备药物，同洁治术护理配合。

3. 牙周手术护理配合

（1）调节椅位使患者仰卧在手术椅上，头部角度以充分暴露手术视野、便于手术者操作为宜。

（2）扩大术野：护士协助牵拉口角，使手术区充分暴露。

（3）清理创面：一手牵拉口角，另一手用吸引器清理积血和唾液。

（4）协助缝合：协助止血、过针和剪线，以保证缝合速度和避免脱针事故。

（5）牙槽骨手术时，如用骨凿，要求助手能准确选用骨锤，用锤力量要适宜、协调。

（6）术后护理：嘱患者24h内不要漱口刷牙，进软食，遵医嘱服抗生素1周，术后5～7d拆线。

【健康教育】

向患者介绍牙周炎的治疗效果与患者口腔卫生习惯密切相关，尤其在牙周治疗后更应保持口腔卫生，重点让患者掌握正确的刷牙方法，养成良好的刷牙习惯以及牙线与牙签的正确使用。

1. 牙线的使用方法

（1）取一段0.5m长的牙线，将其两端绕在左右手中指上。

（2）清洁右上后牙时，用右手拇指和左手食指掌面绷紧牙线，然后将牙线通过接触点。

（3）清洁左上后牙时，转为左手拇指和右手食指执线，方法同上。

（4）清洁所有下牙，可由两手食指执线，将牙线通过接触点。

（5）牙线通过接触点后，手指轻轻加力，使牙线到达接触点以下的牙面并进入龈沟以清洁龈沟区牙面，不要用力过大以免损伤牙周组织。如果接触点较紧不易通过，可牵动牙线在接触点以上做水平拉锯式动作，通过接触点。

（6）将牙线贴紧并包绕牙面上下牵动，每个牙面上下剔刮4～6次，直至牙面清洁为止。

2. 牙签的使用：使用牙签时，可将牙签轻轻置入龈缘附近，用牙签的侧面轻擦牙面，清除邻面牙菌斑和嵌塞的食物。

复发性阿弗他溃疡的护理

复发性阿弗他溃疡是最常见的口腔黏膜病，患病率高达20%左右，本病周期性复发但有自限性，一般7～10d可自愈。本病的病因目前尚不清楚，消化不良、精神紧张、睡眠不足可能诱发本病。临床上将此病分为三个类型：轻型、重型及疱疹样溃疡。

【临床表现】

1. 轻型阿弗他溃疡：最常见好发于角化程度较差的区域，如唇、颊、舌黏膜。溃疡不大，直径2～4mm，数目不多，每次1～5个，发作时溃疡有“红、黄、凹、痛”特征。一般7～10d可自愈，愈后不留瘢痕。

2. 重型阿弗他溃疡：又称腺周口疮。发作时溃疡大而深，直径可达10～30mm，病程长达持续数月，愈后留有瘢痕。

3. 疱疹样阿弗他溃疡：溃疡小而多，直径小于2mm，邻近溃疡可融合成1个，局部淋巴结肿大，愈后不留瘢痕。

【评估要点】

1. 一般情况：询问患者近期有无精神紧张、消化不良及感冒等诱因，评估患者是否有食欲不振、烦躁不安，局部淋巴结是否肿大；了解患者对疾病的认知程度。

2. 专科情况

（1）评估患者口腔黏膜溃疡出现的部位、大小及病程。

（2）评估患者出现溃疡是否新旧交替反复发作。

（3）评估患者的求医心理。

【护理诊断】

1. 疼痛：与口腔黏膜受损局部刺激有关。

2. 口腔黏膜改变：与黏膜充血、水肿、溃烂有关。

3. 焦虑：与溃疡反复发作难以根治有关。

【护理措施】

1. 消炎、防腐

(1) 喷剂：将金因肽喷剂喷于溃疡表面。方法：无菌棉球隔离唾液，用棉签将溃疡面擦干后再喷。

(2) 含漱剂：用含有消炎、止痛成分的漱口液含漱，每天4～5次含于口中5～10min后唾弃。

2. 止痛：常用1%丁卡因在疼痛难忍或进食前使用，用棉签蘸少量涂布溃疡面，可迅速麻醉止痛。2%利多卡因液经稀释后用于饭前漱口，有止痛作用。

3. 全身治疗：着重消除诱因，如治疗消化道疾病，避免过度疲劳，克服精神紧张因素等，可口服维生素C和B族维生素等。

【健康教育】

1. 向患者强调保持口腔卫生的重要性，教会患者保持口腔卫生的正确方法。

2. 向患者介绍该病的病程及治疗目的，本病有自限性，减轻焦虑情绪。

3. 指导患者调节生活规律，放松紧张心理，少吃刺激性食物，避免和减少诱发因素。

口腔念珠菌病的护理

口腔念珠菌病也称雪口病或鹅口疮，由白色念珠菌引起，可经产道、喂奶或母亲乳头传染婴儿。近年来由于抗生素和免疫抑制剂在临床上广泛应用，导致菌群失调或免疫力降低，口腔黏膜念珠菌病的发病率也相应增高。

【临床表现】

病损可发生于口腔黏膜唇、颊、舌、腭等处，损害区黏膜充血，表面有隆起的白色凝乳状伪膜，呈点状或斑块状分布，伪膜不易擦去，强行擦去后可见充血和出血点，因烧灼不适或疼痛可使一些婴儿拒食或哭闹不安。成年人有轻度口干及烧灼感。

【评估要点】

1. 一般情况

（1）了解患者的健康状况，是否患有慢性疾病及长期大量使用抗生素、免疫抑制剂。

（2）婴幼儿患者应询问其母亲的身体状况及哺乳卫生情况。

（3）评估患儿是否有发热、烦躁不安，是否拒食。

（4）了解患儿家长对疾病的认知程度。

2. 专科情况

（1）评估口腔黏膜损害的部位、特点。

（2）评估病损是否波及喉部，患者有无呼吸、吞咽困难。

3. 实验室和其他检查：涂片或培养时，显微镜下可见致病菌丝和孢子。

【护理诊断】

1. 口腔黏膜改变：与念珠菌引起充血、糜烂有关。

2. 吞咽困难：与病变波及喉部有关。

3. 知识缺乏：与患儿家长缺乏对该病的防治知识有关。

【护理措施】

1. 将0.5g的苏打片溶于100ml水中配制成2%～4%的苏打液，指导婴儿家长在哺乳前清洗口腔，也可用本药在哺乳前后洗净哺乳母亲的乳头。

2. 患处用消毒纱布清洗后，涂0.05%甲紫水溶液，每日3次，或制霉菌素混悬液局部涂布，每2～3h 1次，涂布后可咽下。

【健康教育】

1. 使患儿家长了解病因及预防知识。

2. 分娩时应注意会阴、产道、接生人员双手及所有接生用具的消毒。

3. 指导患儿家长经常用温开水清洗婴幼儿口腔，哺乳用具煮沸消毒并保持干燥，产妇在哺乳前最好用 1∶5000 盐酸洗氯已定溶液清洗乳头再用冷开水洗净。

4. 儿童在冬季应防止口唇干裂，改正舔唇吮舌的不良习惯。

5. 长期应用抗生素和免疫抑制剂者应警惕白色念珠菌感染发生，必要时考虑停药。

第二节　口腔颌面外科常见疾病的护理

智齿冠周炎的护理

冠周炎多发生在下颌第三磨牙，所以又称为下颌第三磨牙冠周炎或智齿冠周炎，是指下颌第三磨牙萌出不全或阻生时，牙冠周围的软组织发生的炎症。多发生于 18～25 岁的青年，是口腔颌面外科的常见病和多发病。

由于下颌骨的牙槽骨长度与下颌牙列的位置不相适应，致使第三磨牙萌出受阻，而远中牙龈瓣未能及时退缩，与覆盖下的牙冠形成盲袋，盲袋有利于食物残渣的潜藏和细菌的滋生，加上来自咀嚼的机械损伤，使龈瓣及附近组织易受感染。当机体抵抗力下降时，常诱发冠周炎急性发作。

【临床表现】

1. 炎症早期时，仅感磨牙后区不适，偶有轻微疼痛，患者无全身症状。

2. 炎症加重时，局部有自发性跳痛，放射至耳颞区。炎症波及咀嚼肌时则出现不同程度的张口受限，咀嚼和吞咽时疼痛加剧，口腔清洁差而有口臭。此时有全身不适、发热、畏寒、头痛、食欲减退、便秘等症状。

3. 口腔检查可见：下颌第三磨牙萌出不全或阻生，牙冠周围软组织红肿、溃烂、触痛。用探针在肿胀的龈瓣下方可触及牙冠，常有脓性分泌物溢出，有时形成冠周脓肿。严重者可见舌腭弓及咽侧壁红肿，患侧下颌下淋巴结肿大、触痛。特别要注意的是，在下颌智齿冠周炎合并面颊或下颌第一磨牙颊侧瘘时，可被误认为第一磨牙的炎症所致，特别在第一磨牙及其牙周组织存在病变时，更易误诊。

【评估要点】

1. 一般情况

(1) 评估患侧磨牙后区肿痛的时间，有无进食、吞咽痛，开口时有无张口受限。

(2) 评估有无近期抵抗力下降的诱因，如疲劳，女患者是否为月经期。

2. 专科情况

(1) 评估口腔清洁度，是否有口臭、舌苔变厚。

(2) 探查智齿萌出情况，冠周软组织是否红肿、糜烂、触痛；患牙龈袋处有无脓性分泌物溢出，是否形成冠周脓肿；邻牙远中是否出现龋损及食物嵌塞。

(3) 评估颌下淋巴结是否肿大、触痛，张口度是否正常，有无间隙感染发生。

3. 实验室及其他检查

(1) 血常规检查：急性期可见白细胞计数升高，中性粒细胞比例升高。

(2) X线摄片检查，可帮助了解未全萌出或阻生牙的生长方向、位置、牙根的形态及牙周的情况；在慢性冠周炎的X线平片上，有时可发现牙周骨质阴影的存在。

【护理诊断】

1. 疼痛：口腔颌面部疼痛，与冠周炎症有关。

2. 语言沟通障碍：与疼痛、张口受限不愿交往有关。

3. 潜在并发症：颌面部间隙感染，与患者机体免疫力低下、细菌毒力强，未及时就诊有关。

4. 知识缺乏：与对疾病早期预防及治疗知识缺乏了解有关。

【护理措施】

1. 保持口腔清洁：用高渗温盐水或含漱剂漱口，每日数次。

2. 冠周冲洗：协助医师对冠周炎盲袋用3%过氧化氢和生理盐水冲洗，蘸干患部将碘酚或碘甘油送入龈袋内，每日2次，疗效良好。

3. 切开引流：一旦形成冠周脓肿，及时切开引流并放置橡皮引流条。

4. 冠周龈瓣切除：当急性炎症消退，对有足够萌出位置且牙位正常的智齿，可在局麻下切除阻生龈瓣，以消除盲袋。

5. 需全身治疗者按医嘱应用抗生素，并做好用药指导。

6. 嘱患者注意休息，进食流质饮食，不吃刺激食物，治疗期戒烟戒酒。

【健康教育】

1. 告诉患者冠周炎的发病原因及早期治疗的重要性。

2. 对于智齿牙位不正，无足够间隙萌出，及无对颌牙或与对颌不能形成咬合者，嘱其应待炎症控制后行病灶牙拔除术，防止智齿冠周炎复发。

颌面部间隙感染的护理

在正常的颌面部解剖结构中，存在着许多潜在的筋膜间隙，为疏松结缔组织、神经、血管和腺体等占据。当感染发生时可在这些间隙中形成蜂窝组织炎并沿间隙扩散。此类感染多为牙源性和腺源性，常进展迅速，并可能引起颅内并发症、败血症等严重并发症。

【临床表现】

常表现为急性炎症过程，根据感染的性质、途径、部位不同而表现不同。

一般局部表现为红、肿、热、痛、功能障碍。重者高热、寒战。因感染部位不同，可有其他特殊表现。如咀嚼肌受累，可出现张口受限，进食困难。炎症侵及喉头、咽旁、口底可引起局部水肿，使咽腔缩小或压迫气管，或致舌体抬高后退，造成不同程度的呼吸和吞咽困难。腐败坏死性感染局部红、热体征不明显，但软组织有广泛性水肿，全身中毒症状严重，或出现严重并发症，浅层间隙感染炎症局限时可扪及波动感；深层间隙感染则局部有凹陷性水肿及压痛点。穿刺抽脓检查：化脓性感染脓液呈黄或粉红色；腐败坏死性感染脓稀薄、污黑且常有恶臭。

蜂窝组织炎所致局部及全身症状严重时，患者感到紧张及焦虑，表现出烦躁不安、失眠、沉默或多语，对疾病的预后十分担忧。

【评估要点】

1. 一般情况：评估发病前是否有牙痛史，一般多为牙源性感染。如有呼吸道感染或涎腺肿痛史，则为腺源性感染；评估是否出现畏寒、发热、全身不适等全身症状。

2. 专科情况

(1) 评估口腔颌面部的肿胀、疼痛、压痛情况，是否有皮肤发红、张力增大、边界不清，形成脓肿后可在局部扪及波动感。

(2) 专科检查：评估是否出现鼻唇沟变浅、眼睑水肿、睑裂变窄，当眶下间隙脓肿形成后，可在眶下触及波动感。颊间隙感染脓肿破溃时可形成颊瘘。评估是否有张口受限、口腔卫生较差，出现头痛、高热、呕吐甚至昏迷的患者，应考虑海绵窦静脉炎的可能。咽旁间隙感染如伴有喉头水肿，则可出现声嘶、呼吸困难和进食呛咳。口底多间隙感染则是腐败坏死性病原菌引起的口底蜂窝组织炎，软组织的副水肿广泛，肿胀范围弥散，严重者甚至可达胸前部。皮肤色暗红，质硬如板状。当肌肉坏死、皮下组织软化时，挤压皮肤呈不易回复性的凹陷，有气体存在，可触及捻发音。如肿胀向舌根、会厌或颈前发展，则可出现呼吸困难甚至出现吸气三凹征，有发生窒息的危险。

3. 实验室及其他检查

（1）血常规：可出现白细胞计数升高，中性粒细胞比例升高等。

（2）影像学：明确病灶牙，帮助诊断。

（3）血培养、脓培养：确定病原菌及抗生素药敏试验。

（4）脓肿穿刺：确定脓肿是否形成，获取脓液标本。

【护理诊断】

1. 疼痛：颌面部疼痛，与炎症有关。
2. 体温升高：与急性炎症有关。
3. 焦虑：与全身不适及担心预后不佳有关。
4. 有窒息的危险：与肿胀致咽腔缩小或压迫气管有关。

【护理措施】

1. 耐心向患者解释病情及治疗计划，减轻紧张情绪，消除顾虑。
2. 提供安静舒适的环境，减少不良刺激，让患者充分休息。
3. 注意生命体征的变化，严密观察局部及全身症状。脓肿形成后协助医师切开引流。如肿胀严重引起呼吸困难者，必要时行气管切开术。
4. 遵医嘱给予止痛剂、镇静剂，应用抗生素治疗原发病灶。

对于病情严重者给予全身支持疗法，输血输液，维持电解质平衡。

5. 给予高营养易消化的流质饮食，张口受限者采取吸管进食。

6. 保持口腔清洁：病情轻者，嘱其用温盐水或漱口液漱口；重者进行口腔护理，用3%过氧化氢清洗。

7. 感染控制后，嘱患者及时处理病灶牙，对不能保留的患牙及早拔除。

【健康教育】

1. 饮食指导

（1）多饮水，增加尿量以利于毒素的排泄。

（2）进高蛋白、清淡、易消化的流质或半流质饮食，如肉汤、牛奶、面条、蒸蛋等，以加强全身营养、提高机体抵抗力和组织修复能力。

2. 体位、休息指导

（1）高热时，注意卧床休息，减少机体的消耗，有利于机体康复。

（2）行脓肿切开引流术后，取半坐卧位，有利于伤口引流，以保证引流通畅。

3. 口腔清洁指导：用漱口液漱口 3 ~4 次/天，保持口腔清洁，防止口腔感染。

4. 并发症的预防

（1）不要挤压颜面部肿胀的部位，尤其是危险三角区（鼻根至两侧口角之间的三角区），以防止感染扩散，因细菌经面部小静脉流入海绵窦，可引起海绵窦血栓性静脉炎。

（2）出现呼吸急促、烦躁不安要立即告诉医护人员。因为颌面部蜂窝组织炎易波及邻近的组织器官如咽喉部、会厌等引起急性咽喉、会厌充血、水肿而影响呼吸危及生命，需要施行急救处理。

5. 出院指导：如为牙源性感染所致的间隙感染，应积极处理病灶牙。注意口腔卫生，坚持锻炼，增强体质。

颌骨骨髓炎的护理

颌骨骨髓炎是由细菌感染以及物理或化学因素，使颌骨产生的炎性病变。它并不仅限于骨髓腔内的炎症，而是包括骨膜、骨皮质、骨髓及其中的血管、神经等整个骨组织发生的炎症过程。根据病理特点及致病因素不同，颌骨骨髓炎可分为化脓性颌骨骨髓炎与特异性颌骨骨髓炎，另外还有物理性（放射性）及化学性因素引起的颌骨骨髓坏死而继发感染的骨髓炎。临床上以牙源性感染引起的化脓性颌骨骨髓炎最为多见。近年来由于颌面部肿瘤放射治疗的广泛应用，放射性颌骨骨髓炎有增多趋势。本节重点介绍化脓性颌骨骨髓炎的护理。

【临床表现】

化脓性颌骨骨髓炎一般均由急性转为慢性，最后形成死骨。炎症可以是小范围的，也可以扩大波及一侧下颌骨，甚至整个下颌骨均受累。炎症如从骨髓向四周发展，破坏颌骨，称之为中央性颌骨骨髓炎；如由骨膜下脓肿损害骨皮质，称为边缘性颌骨骨髓炎。如病情未得到及时控制，少数亦可发展至破坏整块颌骨。

1. 中央性颌骨骨髓炎：分为急性期与慢性期，而急性期又分为局限型与弥散型两种。

（1）急性局限型：多由根尖感染引起，患牙持续性剧痛并沿三叉神经分布区放射。牙松动、叩击痛、前庭沟丰满、面颊肿胀。如脓液穿破骨壁得到引流，炎症可逐渐减轻，及时将脓液引流，炎症较易控制，否则，骨髓腔内的炎症发展扩散，可形成弥散性骨髓炎。

（2）急性弥散型：多由急性局限性炎症扩展而来。全身症状加重，高热、寒战、白细胞计数升高、脱水及中毒表现。下牙槽神经受累则下唇麻木，咀嚼肌受累则张口受限，重者伴发多间隙感染。

（3）慢性期：常为急性期的延续。急性期如未得到及时、合理、彻底的治疗即进入慢性期。此时患者全身及局部症状缓解，口内或皮肤瘘管长期流脓，有时混杂有小块死骨。重者形成大块死骨或病理性骨折，出现咬合错乱及面部畸形。死骨不清除，病变可持续数月至数年，一旦瘘管阻塞，炎症又可急性发作。

2. 边缘性颌骨骨髓炎：多见于青年人，好发于下颌支，其感染来源与中央性一样，多为牙源性感染，以下颌智齿冠周炎引起颌周间隙感染所致最为多见。急性期常被间隙感染症状掩盖。慢性期骨膜溶解，骨皮质脱钙疏松并有小块死骨形成。腮腺嚼肌区出现炎性浸润硬块、压痛、凹陷性水肿和张口受限。可有长期排脓的瘘管。探诊骨面粗糙，当瘘管阻塞或炎症发展至骨髓腔时，感染可在骨髓腔内扩散，则可并发中央性颌骨骨髓炎而有大块死骨形成。

【评估要点】

1. 一般情况：评估患者全身症状是否明显，有无发热、头痛、全身不适、乏力、食欲不振、尿量减少、舌质红、苔黄、脉速等程度不同的中毒表现。

2. 专科情况

（1）中央性颌骨骨髓炎初期，评估是否有全身寒战、发热表现；炎症进入化脓期后，评估患者是否全身抵抗力下降，常出现中毒症状及局部症状加重，是否出现病源牙以及相邻的多数牙松动，甚至牙槽溢脓，患侧是否出现下唇麻木。

（2）上颌骨骨髓炎波及上颌窦时，评估是否有上颌窦炎的症状，患侧的鼻腔有无溢脓。

(3) 颌骨骨髓炎由急性期转为慢性期时，评估患者体温是否恢复正常，或仍有低热；局部肿胀及剧烈的疼痛症状是否明显减轻；饮食、睡眠是否逐渐恢复正常；脓肿切开部位或自溃瘘孔处是否有脓液继续排出。

3. 实验室及其他检查

(1) 实验室检查：血常规可出现白细胞计数升高，中性粒细胞比例升高等。白细胞计数有时高达 $20\times10^9/L$ 以上。

(2) 影像学检查：中央性颌骨骨髓炎的 X 线片早期无变化，2~4 周后可见骨质疏松密度减低区，2~3 个月后，显示骨破坏局限，有死骨形成或病理性骨折；边缘性骨髓炎 X 线片早期变化不明显，晚期下颌支后前位片可见骨皮质不光滑，有小片死骨形成，或骨质增生。

【护理诊断】

1. 疼痛：牙痛，与炎症被致密骨板包围不易向外扩散有关。

2. 体温升高：与急性感染有关。

3. 焦虑：与病程长、经久不愈，担心预后不佳有关。

4. 营养失调，低于机体需要量：与感染造成机体消耗增加及摄入量不足有关。

【护理措施】

1. 注意休息：为患者提供安静、舒适的环境，保证患者有足够的休息及睡眠。

2. 治疗护理：颌骨骨髓炎的急性期，根据感染微生物的种类、细菌培养及药敏试验结果，遵医嘱使用足量、有效的抗生素控制感染；同时注意观察高热及全身中毒情况，必要时给予输注新鲜血、血浆蛋白等支持疗法。进行引流的患者密切观察引流量及脓液性质。需进行手术治疗者，按照手术常规进行护理。

3. 营养支持：进食营养丰富的流质或软食。高热失水者给予静脉补液，维持水、电解质平衡。

4. 口腔护理：对因病理性骨折或摘除死骨术后用钢丝或夹板固定颌骨的患者，做好口腔护理，可采用口腔冲洗法，漱口液或生理盐水边冲洗边吸引，并鼓励患者在冲洗时，用舌头自洁牙齿的舌侧面，以达到彻底冲洗口腔的目的。也可用儿童牙刷为患者清洁牙齿的唇侧面。

5. 辅助疗法：为加速创口愈合，改善局部血运及张口度，术后患者可配合理疗及热敷，以达到减轻疼痛、使肿胀消退和促进炎症局限的目的。

6. 心理护理：给予患者充分的同情及理解。鼓励患者说出心理感受，对焦虑的患者进行心理疏导，介绍认识患同种疾病的恢复期患者，通过现身说法增强患者的信心，恢复自信，积极配合治疗。

【健康教育】

1. 固定颌骨的结扎丝及夹板去除后，告诉患者逐渐练习张闭口运动，直至功能恢复。练习时要有耐心和毅力。勿吃坚硬食物，保证营养摄入，以利身体恢复。

2. 尽快处理病灶牙。

3. 注意口腔卫生。

4. 定期复查。

颌面部疖痈的护理

面部皮肤是人体毛囊及皮脂腺、汗腺最丰富的部位之一，又是人体暴露部分，易致细菌感染。疖指皮肤毛囊及皮脂腺的急性化脓性炎症，由一个毛囊及其所属的皮脂腺引起的感染，其病变局限于皮肤浅层组织。痈指多个相邻的毛囊及其所属的皮脂腺或汗腺的急性化脓性炎症，也可由一个疖的扩展或多个疖融合而成。其病变波及皮肤深层毛囊间组织时，可顺筋膜浅面扩散波及皮下脂肪层，造成较大范围的炎症浸润或组织坏死。

疖多见于青壮年，以男性多见，特别是皮脂腺代谢旺盛者，可反复发作。痈好发于皮肤较厚的唇部，又称唇痈，男性多于女性。

【临床表现】

疖初起为红、肿、热、痛的小硬结或锥形隆起，顶部出现黄白色脓栓或小脓头，有时有烧灼感。

痈多发生于成年人，以上唇多见。发病初期，局部即出现稍隆起的紫红色浸润区，质地坚硬，界线不清。感染可波及深层筋膜及肌组织，在皮肤与口唇黏膜上，出现多数脓头，继而中央部坏死、溶解、塌陷，状似蜂窝。颜面痈经血行播散引起的主要并发症有全身炎症反应综合征（SIRS）或脓毒血症。严重者可继发肺脓肿、脑脓肿等，短期内引起中毒性休克，甚至危及生命。

【评估要点】

1. 一般情况：评估患者有无明显的全身症状，是否有畏寒、高热、头痛、食欲不佳等表现。

2. 专科情况

（1）疖：评估颌面部皮肤上有无红、肿、热、痛、小硬结或锥形隆起。

（2）痈：评估上唇局部是否出现稍隆起的紫红色浸润区，质地坚硬，界线不清。在皮肤与口唇黏膜上，是否出现多数脓头，继而中央部坏死、溶解、塌陷，破溃后溢出脓血样分泌物，多数脓栓脱落后可形成蜂窝状腔洞。唇痈患者是否唇部极度肿胀、疼痛、张口受限而致进食、语言困难。局部区域淋巴结是否肿大。全身中毒症状明显者，是否伴发颅内海绵窦静脉炎、脓毒血症及中毒性休克，甚至危及生命。

3. 社会及心理因素：患者是否认为影响到自己的面容，妨碍其社会交往。个别患者为使其尽快消除，是否擅自采用不正确的处理方法，如挤压、烧灼等，这样往往会导致炎症扩散，甚至产生严重并发症。

4. 辅助检查：实验室检查可见白细胞计数及中性粒细胞比例升高。

【护理诊断】

1. 潜在并发症：颅内感染或脓毒血症，与病原菌毒力强，上唇与鼻部“危险三角区”内无静脉瓣，使感染易于扩散有关。

2. 疼痛：与急性炎症反应有关。

3. 体温升高：与感染导致全身中毒反应有关。

4. 知识缺乏：与缺乏对疖痈的正确处理方法及面部解剖生理特点的相关知识有关。

【护理措施】

1. 注意卧床休息，保持局部制动，减少活动，唇痈患者应限制说话，以减少局部刺激。对伴有全身中毒症状的患者，注意观察病情变化，做好护理计划，发现异常，及时对症处理。高热不退者采用物理降温。

2. 疖初起时局部可外敷鱼石脂油膏或用2%碘酊涂擦患处，每日1次，并保持局部清洁；痈的局部用3%～4%高渗盐水、0.1%依沙吖啶或硫酸镁等溶液局部持续湿敷，以促进早期痈的局限及软化、穿破，减轻疼痛；对已破溃者可起到良好的排脓作用。被脓液污染的湿敷纱布要随时更换。不可过早停止湿敷，防止脓道被分泌物阻塞，引流不畅造成肿胀再次加剧。

3. 加强营养，给予高糖、高蛋白的流质饮食及水分补充。高热、脱水及中毒症状明显者，给予输液，补充维生素或小剂量输血。

4. 根据脓液细菌培养及药敏试验结果，给予抗感染治疗。

5. 面痈可在急性炎症得到控制，肿胀局限，已形成明显的皮下脓肿时，在脓肿表面中心皮肤最薄或最软的区域行脓肿切开术，引出脓液。记录引流液的性质及量。

【健康教育】

加强自我护理指导。向患者告知颌面部解剖生理特点，说明对疖痈进行挤、挑、压的危害，疖的早期禁止热敷，保持局部清洁，避免炎症扩散。

口腔颌面部损伤的急救

口腔颌面部损伤急救的根本目的是抢救生命，必须全面了解伤情，分清主次和轻重缓急，然后采取正确的急救措施。现场处理应从威胁生命最主要的问题开始。因此，首先是处理窒息，然后依次为出血、休克、颅脑损伤等。应随着体征的改变及时地采取有效措施。

一、窒　息

【临床表现】

窒息的前驱症状为伤员的烦躁不安、出汗、面色苍白、口唇发绀、鼻翼扇动和呼吸困难。严重者在呼吸时出现“三凹征”（锁骨上窝、胸骨上窝及肋间隙明显凹陷），如抢救不及时，随之发生脉搏减弱、脉速、血压下降及瞳孔散大等危象以至死亡。

【急救措施】

防治窒息的关键在于及早发现和及时处理。在窒息发生之前仔细观察并做出正确判断，如患者已出现呼吸困难，更应争分夺秒地紧急抢救。

1. 阻塞性窒息的急救

（1）立即清除口、鼻腔及咽喉异物：迅速用手指或器械掏出或吸引器吸出阻塞物，保持呼吸道通畅。

（2）将后坠的舌牵出：可在舌尖后约2cm处用大圆针和7

号缝合线穿过舌的全厚组织，将舌拉出口外，缝合线固定于外衣扣上用胶布固定于颏部。无缝合针线时，可用大别针如上法操作。

（3）吊起下坠的上颌骨：上颌骨水平骨折，骨折块及软腭向下后坠落压于舌背时，在清除阻塞物后，在现场可临时用压舌板或筷子、铅笔等横放于上颌双侧前磨牙位置，将上颌骨骨折块向上悬吊，并将两端用绷带固定于头上。

（4）改变患者体位：先解开颈部衣扣。患者神志清楚时，使其面部朝下；神志不清时，使其俯卧，前额垫高，让分泌物自然流出；也可采取仰卧位，头偏向健侧。

（5）插入通气导管，保持呼吸道通畅：对于咽部、舌根及口底广泛性软组织肿胀压迫呼吸道的伤员，可经口或鼻腔插入任何形式的通气管道（鼻咽通气管、口咽通气管、气管插管），以解除窒息。对下颌体前部粉碎性骨折或双侧骨折的患者，需运送时，即使神志清醒，亦应放通气管道。如插管困难且情况紧急时，可迅速采用1～2根粗针头从环状软骨和甲状软骨之间的环甲膜刺入气管，或将环甲膜切开，暂时缓解症状，随后尽早行气管切开术。

2. 吸入性窒息的急救：必须立即行气管切开术，通过气管导管，充分吸出进入下呼吸道的血液、分泌物或呕吐物及各种异物，必要时借助于支气管镜取出异物，解除窒息。要特别注意预防吸入性肺炎及其他肺部并发症。

二、出　　血

颌面部血运丰富，出血多是颌面创伤的重要特点，大量出血可导致休克危及生命。出血的急救，主要根据损伤的部位、出血的来源和程度（动脉、静脉或毛细血管）以及现场条件，采用相应的止血方法。

【急救措施】

1. 压迫止血：是一种不确切而且临时的止血方法，对于较大血管的出血，还需要做进一步的处理。

（1）指压止血法：用手指压迫出血部位供应动脉的近心端，适用于出血较多的紧急情况，作为暂时性止血，然后再改用其他确定性方法做进一步止血。

（2）包扎止血法：用于毛细血管、小静脉及小动脉的出血。先将软组织复位，然后在损伤部位覆盖多层纱布辅料，再用绷带行加压包扎。注意包扎的压力要适中，勿加重骨折块移位和影响呼吸道通畅。颌面部常用的包扎方法有：四尾带包扎法和“十字”绷带包扎法。

（3）填塞止血法：用于开放性和洞穿性伤口。将纱布块填塞于伤口内，再用绷带行加压包扎。在颈部或口底伤口填塞纱布时，应注意保持呼吸道通畅，防止发生窒息。

2. 结扎止血：是常用而可靠的止血方法。紧急情况下，可先以止血钳夹住血管断端，连同血管钳一起妥善包扎并护送伤员。如条件许可，对于伤口内活跃出血的血管断端应以止血钳夹住做结扎或缝扎止血。颌面部较严重的出血不能妥善止血时，可考虑结扎颈外动脉。

3. 药物止血：适用于组织渗血、小静脉和小动脉出血。在创面上局部应用各种中药止血粉、止血纱布、止血海绵等，将药物直接置于出血处，然后外加干纱布加压包扎，可减少局部出血、渗血。全身使用止血药物可作为辅助用药，提高凝血功能。

三、休　克

口腔颌面部损伤伤员的休克多因伴发身体其他部位严重损伤所致，主要为创伤性休克和失血性休克两种。

【急救措施】

抗休克急救的目的在于恢复组织灌流量。要注意观察休克的早期和休克期的病情变化。创伤性休克的处理原则为镇静、镇痛、止血和补液，可用药物协助恢复和维持血压。对失血性休克则以补充血容量为根本措施。可快速输液、输血。

四、伴发颅脑损伤的急症

颅脑与颌面部紧密相连。口腔颌面部损伤，尤其上颌骨严重骨折的伤员常伴有不同程度的颅脑损伤。颅脑损伤包括脑震荡、脑挫裂伤、硬脑膜外出血、颅骨及颅底骨折和脑脊液漏等。

【急救措施】

1. 凡可疑有颅脑损伤的伤员，应卧床休息，减少搬动，暂停不急需的检查或手术。严密观察其神志、脉搏、呼吸、血压及瞳孔的变化。

2. 如鼻腔或外耳道有脑脊液漏出，禁止做外耳道或鼻腔内填塞与冲洗，以免引起颅内感染。

3. 对昏迷的伤员，要特别注意保持呼吸道通畅，防止误吸和窒息的发生，必要时做气管切开术，随时清除呼吸道的分泌物。昏迷的伤员，颌面部伤可做简单包扎，但严禁行颌间结扎固定。

4. 有脑水肿、颅内压增高症状（剧烈头痛、喷射状呕吐等）的伤员，应控制入水量，给予脱水治疗。常用20%甘露醇或50%葡萄糖液静脉快速滴注，每日3～4次，以减轻脑水肿，降低颅内压。地塞米松对控制脑水肿亦有良效。

5. 对烦躁不安的患者，可给予适量镇静剂，但禁用吗啡，以免抑制呼吸，影响对瞳孔变化的观察及引起呕吐，使颅内压增高等。

6. 如伤员昏迷后一度意识清醒或好转，随后又转入嗜睡、昏迷，伤侧瞳孔散大，对光反射消失，呼吸、脉搏变慢，血压升高时，则是硬脑膜外血肿的典型表现，应立即请神经外科医生会诊，确诊后行开颅减压。

五、感　染

口腔颌面部损伤创口常被细菌、泥土、沙石等污染，甚至异物嵌入组织内，易导致感染而增加损伤的复杂性和严重性。因此，有效而及时地防治感染至关重要。

【急救措施】

1. 在有条件情况下应尽早进行清创缝合术。无条件时应将伤口包扎，以隔绝感染源。

2. 伤后及时使用广谱抗生素，预防感染。对有颅脑损伤的伤员，特别是有脑脊液漏出现时，可采用易透过血脑屏障、在脑组织中能达到有效浓度的药物。对伤口污染泥土的伤员，应及时注射破伤风抗毒素，预防破伤风。

口腔颌面部损伤的护理

颌面部损伤伤员常常因伤口疼痛、张口受限、牙损害，或因颌骨骨折、咬合紊乱、颌间结扎固定等，不能正常张口、咀嚼和进食，只能选用流质、半流质饮食或软食，营养供应常常低于机体需要量。另外，颌面部损伤多由意外伤害引起，给伤员及其家属带来身体及心理上的伤害，因此，护理上必须积极干预，才能有效促进伤员恢复。

【临床表现】

口腔颌面部损伤的类型很多，临床上以软组织损伤、牙及牙槽骨损伤及颌骨骨折最为常见，其临床表现各有特点。

1. 口腔软组织损伤：口腔颌面软组织损伤分为闭合性损伤与开放性损伤。闭合性损伤为受伤部位皮肤或黏膜保持完整的损伤。常见有挫伤和血肿，表现为疼痛、肿胀、皮肤变色与皮下淤血等。开放性损伤则为受伤部位的皮肤或黏膜的完整性及深层组织受到破坏裂开的损伤。常见有擦伤、挫裂伤、切割伤、刺伤、撕脱伤、咬伤、火器伤等。损伤部位有不同程度的肿胀、伤口出血、疼痛，甚至有咀嚼功能障碍等。

2. 牙及牙槽骨损伤：牙及牙槽骨损伤多发生在前牙区，常因碰撞、打击、跌倒或咀嚼硬物而引起。轻则牙体松动，重则发生牙脱位、牙折断，以致伴发牙槽骨骨折。主要表现为1个或多个牙齿松动、倾斜、伸长和疼痛，妨碍咀嚼。牙完全脱位、牙折或伴有牙槽骨骨折时可见附近的软组织及牙龈撕裂、出血与局部肿胀。牙错位造成咬合关系紊乱。

3. 颌骨骨折：颌骨骨折包括上颌骨骨折、下颌骨骨折及上下颌骨联合骨折等。由于下颌骨位于面部最突出的部分，因而下颌骨骨折远较上颌骨为常见。

下颌骨骨折，骨折线易发生在解剖结构较薄弱的部位，如颏部、颏孔区、下颌角、髁突颈部等部位。由于下颌骨周围有强大的开闭口肌肉附着，因此骨折时，一般均有错位、咬合关系紊乱等。其主要表现为局部肿胀、疼痛、出血和局部压痛、咬合紊乱。下颌骨骨折伴有下牙槽神经损伤时，可出现下唇麻木。

【评估要点】

1. 一般情况

（1）评估受伤时的各种情况，受伤的原因、部位，外力的大小及作用方向、角度、速度、作用时间。

（2）评估患者的意识、精神状态、血压、脉搏、呼吸有无异常，有无头痛、昏迷、喷射状呕吐等表现。

（3）评估张口度及咬合功能。

（4）评估全身复合伤情况。

2. 专科情况

(1) 口腔颌面部软组织损伤：评估颌面部软组织损伤类型，擦伤、挫伤、挫裂伤、切割伤、刺伤、蜇伤、咬伤、撕脱伤等。

(2) 牙及牙槽骨损伤：评估外力作用后是否引起牙齿松动、伸长、移位、嵌入深部、或完全脱离牙槽窝、完全离体。评估受外力作用后，是否引起多牙连动，咬合紊乱以及牙龈出血、肿胀等。

(3) 颌骨骨折：评估是否有骨折块移位、面中部凹陷及长面畸形；是否有咬合关系错乱；是否有脑脊液鼻漏或耳漏；是否有神经损伤；是否有咬合错乱；骨折部位是否有牙龈撕裂伴出血等。

3. 实验室及其他检查

(1) 影像学检查：X 线、CT（三维重建）检查显示骨折部位、数目、类型及骨折段移位情况以及牙与骨折线的关系等。

(2) 手术前的常规检查：血、尿、粪常规，血型，输血前常规，肝功能，肾功能，空腹血糖，电解质及心电图、胸透等。

【护理诊断】

1. 疼痛：与外伤导致皮肤黏膜破损、骨折有关。

2. 口腔黏膜组织完整性受损：与损伤、下颌制动致口腔护理障碍有关。

3. 吞咽困难：与疼痛、咬合紊乱、咀嚼功能障碍、下颌制动有关。

4. 恐惧：与突发的伤害及手术有关。

5. 潜在并发症：出血、感染、窒息等，与伤口渗血，手术创伤，伤口暴露、污染，局部肿胀严重，口内出血块未及时清除等有关。

6. 营养失调，低于机体需要量：与张口受限、咀嚼或吞咽困难有关。

7. 自我形象紊乱：与外伤致面部畸形有关。

【护理措施】

1. 一般护理：口腔颌面部损伤的患者，一般发病急，病情变化快，常因窒息、出血、休克及合并颅脑损伤等而使病情加重。因此，在口腔颌面部损伤患者的急救和治疗工作中，护理工作非常重要。

（1）观察生命体征：测量体温、脉搏、呼吸、血压，观察神志及瞳孔的变化。出现剧烈的头痛、恶心、喷射性呕吐、神志不清、躁动不安等情况，可能合并有颅脑损伤，应立即报告医师进行急救处理

（2）遵医嘱做皮试：如青霉素、普鲁卡因、破伤风抗毒素等皮肤试验，及时注射破伤风抗毒素。

（3）根据伤情准备急救用品：如氧气筒、吸引器、气管切开包、急救药品、输液架等。

（4）清创缝合：经急救处理，伤员病情稳定后，协助医师及早对局部伤口进行清创缝合。

（5）治疗护理：按医嘱要求及时输血、输液，全身应用抗生素。

（6）保持患者呼吸道通畅：及时清除口、鼻腔分泌物，呕吐物，异物及血凝块以预防窒息，必要时行气管插管或气管切开术，缺氧伤员及时给氧。

（7）伤员体位：伤员一般取仰卧头偏向一侧体位，以利于口内液体自行流出。出血不多及合并颅脑损伤的患者，可采取半卧位，以利于静脉回流，减轻局部组织水肿。

（8）局部观察：颌骨骨折口内有牙弓夹板或颌间牵引钉固定的患者，应定期检查，防止钢丝、螺钉松动或刺伤黏膜，发现压迫性黏膜溃疡应及时根据病情调整固定。

（9）保持口腔清洁：颌间固定的患者不但进食困难，因无

法咀嚼而失去口腔自洁作用，食物残渣很易积聚于夹板、连结丝和牙间隙内。这类患者保持口腔卫生十分重要，在每次进食后，都应用冲洗器、棉签或小牙刷进行口腔清洁护理，并用含漱剂漱口。

（10）心理护理：可根据心理量表及患者主诉，判断患者是否有焦虑或恐惧，根据不同的心理问题加以疏导，鼓励患者和家人表达其内心的感受，指导患者学会放松的方法，给予耐心解释及安慰，使其主动配合治疗。

2. 营养支持：口腔颌面部损伤患者，由于张口受限、局部创口疼痛及咬合功能紊乱等原因，不能咀嚼食物。特别是行颌间固定的患者，正常摄食都很困难。所以合理饮食，对患者减少体内消耗、促进创伤恢复非常重要。

（1）饮食的种类：根据伤情，为了便于进食，减少咀嚼或不用咀嚼，可选用流质、半流质、软食或普通饮食。食物应该能够提供足够的热量，含有丰富的蛋白质及维生素。特殊患者应由医师特殊制定饮食方案，如腮腺或颌下腺损伤者在治疗期间不食酸性及刺激性饮食；而腮腺导管损伤后，给予导管吻合或导管再造术治疗期间，应让患者多食酸性饮食，以促使导管通畅。

（2）进食方法：根据伤情轻重、开口度和咀嚼及吞咽情况，并结合患者意愿，可采用不同的进食方法。

1）管喂法：可用滴管或注射器喂流质饮食。

2）匙喂法：可用汤匙喂食或自食流质、半流质饮食。

3）吸管法：用细塑料管可吸流质饮食，用粗塑料管或胶管可自吸流质或半流质饮食，还可吸部分软质饮食。

4）壶喂法：可喂食流质或半流质食物。

5）鼻饲法：可喂流质饮食。

6）吊筒喂食法：将筒挂在输液架上，用橡皮管的一端接在

吊筒上，另一端放入患者口内舌背上，食物借重力流入，或另接一橡皮球加压，使食物流入口内。这种方法用手控制流量，避免发呛。此法可进流质或半流质饮食。

【健康教育】

1. 增强安全意识，防止再次受伤。

2. 口腔内有损伤者缝线拆除后，逐渐由流质软食过渡到普食。口腔内保持清洁。

3. 出院后遵医嘱按时来院复查。遗留软组织缺损者可择期进行二期修复，如颜面部创伤瘢痕明显或功能受影响，可行整复手术。

4. 功能锻炼：对颌骨骨折，特别是髁状突骨折的伤员，出院前应使其掌握开口训练的时机与方法。对口腔颌面部损伤，全身状况良好者，应鼓励其早期下床活动和及时进行功能训练，以改善局部和全身的血液循环，促进患者早期痊愈并减少并发症的发生。

颌面部骨折复位固定术的护理

颌面部骨折多因工伤、交通事故或暴力打击等意外情况所致。因其位置突出，易受创伤。上颌骨骨折常累及邻近的鼻骨、颧骨等同时骨折以及并发颅脑损伤。下颌骨骨折因其解剖结构的特殊性，除了可能在外力打击部位骨折外，对侧薄弱处亦可发生间接骨折。由于附着肌肉作用不同，骨折线方向不同可以出现不同移位。

【临床表现】

颌面部骨折共同症状有：骨折线附近的软组织肿胀，固定的疼痛点，颌周组织常有出血及淤斑，牙及牙龈损伤，骨折断端移位，咬合关系错乱，张口受限，流涎及呼吸、咀嚼、吞咽功能障碍等。下颌骨骨折可出现下唇麻木或感觉异常。颧骨、颧弓骨折可出现复视。鼻骨骨折有时伴发脑脊液漏及皮下气肿。

【评估要点】

1. 一般情况：评估受伤原因、部位，外力的大小、作用方向及张口度、咬合等功能；伤后意识状态，有无头痛、昏迷、喷射状呕吐史；全身复合伤情况等。

2. 专科检查：评估伤员的神志、呼吸情况；骨折块移位程度；咬合关系是否错乱；是否有脑脊液漏；有无神经损伤表现；有无复视、张口受限等。

3. 辅助检查

（1）血常规检查：失血过多时，可有红细胞、血红蛋白、红细胞比容下降。

（2）影像学检查：X 线片、CT 片尤其是三维成像，可清晰地显示骨折线及移位情况。

（3）术前完成的常规检查包括血、尿、便、输血前常规，肝肾功能及胸透、心电图检查等。

【护理诊断】

1. 疼痛：与创伤、手术有关。

2. 口腔黏膜组织完整性受损：与创伤、手术、口内固定装置有关。

3. 营养失调：与张口受限有关。

4. 焦虑：与意外伤害、面容受损有关。

5. 恐惧：与意外伤害有关。

6. 潜在并发症：窒息、出血、感染。

7. 自我形象紊乱：与创伤、面部畸形有关。

【护理措施】

1. 手术前准备

（1）保证全身情况稳定，无严重全身复合伤及并发症情况下进行颌骨骨折固定手术。

（2）全身清洁，手术区域常规备皮。

（3）术前做抗生素、普鲁卡因过敏试验，破伤风抗毒素过敏试验或脱敏注射。

（4）准备器械和固定材料。

（5）需全麻者禁食6h。

2. 手术后护理

（1）全麻患者按全麻术后常规护理。

（2）取半卧位，以减轻局部肿胀。

（3）保持呼吸道通畅，及时吸出口、鼻腔分泌物。舌后坠者，将舌体牵出口外固定。重症患者要注意变换体位，鼓励患者咳嗽排痰，防止坠积性肺炎的发生。

（4）观察体温、脉搏、呼吸、血压、神志、瞳孔变化及手术切口渗血、引流情况，并做好记录。

（5）观察是否有带血色水样液或清亮液体流出，有无耳、鼻脑脊液漏存在。流出血性液体较多时，可将流出液滴在吸水纸或纱布上，如果很快看到血迹周围有一圈被水湿润的环状红晕，即可确定混有脑脊液，而非单纯的血液。有脑脊液漏时，禁止冲洗鼻腔或耳道，禁止棉球填塞。经常消毒保持清洁。嘱患者不要用力擤鼻涕，防止咳嗽及打喷嚏，以免引起颅内感染。清醒患者应取半卧位，头部抬高，保持引流通畅。

（6）遵医嘱给予抗生素、止血及镇痛剂，合并颅脑损伤或胸部损伤者，禁用吗啡类药物。

（7）加强口腔护理，可采取擦拭法、加压冲洗法或含漱法等。检查口腔黏膜是否有炎症及溃疡，根据情况涂擦药物。如口唇干燥或有口角损伤，可涂润滑剂或药物软膏。如流涎较多者，颏部应涂以氧化锌油膏予以皮肤保护。昏迷者采用擦拭法进行口腔护理，注意防止棉球脱落，造成误吸。

（8）注意观察口腔颌面部坚固内固定物及颌间牵引固定装

置有无压痛、松动、移位，及时调整加固。对颌间固定的患者，应注意观察口内的牙弓夹板、结扎丝、颌间牵引钉及固定托槽等有无松动、脱落、断开、移位以及是否损伤牙龈或唇、颊黏膜等。尤其要检查咬合关系是否异常，随时调整和改变牵引、固定的方向。如使用颌间橡皮圈弹性牵引的患者，伤后 2～3 周，即骨折已发生纤维愈合时，可遵循动静结合的原则，教会患者餐前取下颌间牵引的橡皮圈，餐后漱口或清洁口腔后，再挂上橡皮圈，以维持固定状态。但要注意重新牵引时的位置和方向。解除固定装置后，指导患者张口练习和饮食方法，以逐渐恢复咀嚼功能。

（9）积极心理调适，加强与患者及家人的情感沟通，根据不同的心理问题加以疏导。鼓励其表达感受，指导患者学会放松的方法，详细告知治疗过程，调动患者配合治疗的主动性。

【健康教育】

1. 加强营养，从流食、软食逐渐过渡到正常饮食。

2. 颌间结扎牵引固定期内，应注意有无结扎丝、金属牙弓夹板、颌间牵引钉的松脱以及颌间固定的移位。

3. 鼻骨骨折及颧骨、颧弓骨折复位后未做固定者，应注意在 2～3 周内避免鼻部、颧部受压及外力作用，以防骨块移位。如有视力障碍、复视表现，应定期来院复诊并与眼科共同处置。

4. 有脑脊液漏的患者，伤后 1 个月内不能用力捏鼻、擤涕。

5. 固定装置拆除前应拍摄 X 线片了解骨折愈合情况。

6. 结扎、牵引固定装置拆除后，应行张口训练，对髁状突骨折患者来说尤为重要，避免引起关节强直。

7. 定期门诊复查，以便对于所产生的并发症及时采取相应的治疗。根据需要，植入的骨折固定材料 6 个月后可摘除取出。

颞下颌关节紊乱病的护理

颞下颌关节紊乱病（TMD）是一类病因尚不完全清楚，而又有相同发病因素及临床症状的一组疾病的总称。在颞下颌关节疾病中最为多见，好发于青壮年。

【临床表现】

颞下颌关节紊乱病的发展一般有三个阶段，即功能紊乱阶段、结构紊乱阶段、关节器质性破坏阶段。这三个阶段一般显示了疾病的早、中、晚期，可顺序演进，也可长期停留于某一阶段或好转。

颞下颌关节紊乱病的临床表现有三个主要症状：下颌运动异常、关节区或关节周围肌肉群疼痛、关节运动时弹响和杂音。有学者将头痛列为本病的第四大主要症状。此外，还可伴有各种耳症、眼症及吞咽困难、语言困难、慢性疲劳等。

【评估要点】

1. 一般情况：评估患者的身体、精神状况，发病诱因，如咀嚼、咬食硬物等生活习惯等；评估患者有无开口过大或过小，口型偏斜或歪曲，开闭口运动出现关节绞索，关节区或关节周围肌群疼痛，关节运动时有异常杂音和弹响等症状。

2. 专科情况：评估患者面部发育是否对称，有无畸形、红肿、热、痛、肿块，重点检查颞下颌关节、咀嚼肌和咬合关系的情况。观察关节运动时出现的弹响和杂音。

3. 辅助检查

（1）影像学检查：X 线及 CT 检查可见关节间隙改变和骨质改变，MRI 可以清晰显示关节盘及周围软组织病变。

（2）关节造影：可见关节移位、穿孔及关节附着改变等。

（3）关节镜检查：可发现关节的早期病变，直视关节盘和滑膜充血、渗出、粘连等。

【护理诊断】

1. 疼痛：与颌面部肌肉群功能紊乱有关。

2. 张闭口困难：与关节盘损伤有关。

3. 焦虑：与病程迁延，生活质量差有关。

【护理措施】

颞下颌关节紊乱病的治疗程序必须遵循：先进行可逆性的保守治疗，再进行不可逆性保守治疗，最后选用手术治疗的原则。其治疗方法很多，如药物治疗、物理治疗、各种殆治疗包括各种殆垫、局部封闭治疗、关节腔注药疗法和冲洗疗法、关节镜外科治疗、正畸治疗、肌训练治疗、心理支持疗法以及手术治疗等。

1. 首先要重视心理护理，患颞下颌关节紊乱病者被认为与心理社会因素有关。观察患者有无情绪焦急、易怒、精神紧张、容易激动以及失眠等精神症状。有的患者可以明显存在精神情绪因素与发病之间的因果关系，在慢性迁延性的患者，也可以发现精神因素对症状复发的影响。在治疗关节局部症状的同时应改进全身情况和患者的精神状态，包括积极的心理支持治疗。要使患者对疾病有正确的认识，有信心、耐心，积极参与治疗过程。

2. 以保守治疗为主，采用对症治疗和消除减弱致病因素相结合的综合治疗，包括减少和消除各种可能造成关节内创伤的因素，如殆创伤、经常吃硬物等；减弱和消除自身免疫反应，如清洗关节腔内免疫复合物、皮质激素类药物关节腔内注射等。

3. 应对患者进行疾病相关知识教育，有时需反复进行，使患者能理解本病的性质、相关的发病因素以及有关下颌运动知识，以便患者进行自我治疗，自我保护关节，改变不良生活行为，如不控制地打哈欠、一口咬半个苹果、用牙咬开瓶盖等。

4. 药物治疗：可用镇静、催眠、肌肉松弛、抗痉挛以及消

炎止痛等口服药对症治疗；也可用中药外敷、药罐疗法、药物封闭疗法进行治疗。

5. 物理疗法：局部热敷或按摩，理疗如红外线照射、石蜡疗法、钙离子导入、超声药物透入法等。

6. 纠正咬合紊乱

（1）如有早接触者，则必须调殆。

（2）牙列缺失数较多者，则须及时修复。

（3）如颌间垂直距离过短，髁状突后移者，则应佩戴殆垫，以保持下颌骨的休息位置。

7. 手术治疗：用于关节器质性破坏而经保守治疗无效的患者。

【健康教育】

1. 减轻关节压力，避免过大张口，推荐软食，避免进食过韧、过硬的食物。

2. 改正不良咀嚼习惯，如单侧咀嚼、夜磨牙、紧咬牙。

3. 注意殆休息，戴殆垫者，要定时磨改调整。

3. 定期复查，行影像学检查，如有不适及时来院复诊。

颞下颌关节脱位的护理

髁状突滑出关节窝以外，超越了关节运动的正常限度，以至不能自行复回原位者，称为颞下颌关节脱位。按部位可分为单侧脱位和双侧脱位；按性质可分为急性脱位、复发性脱位和陈旧性脱位；按髁状突脱出的方向、位置又可分为前方脱位、后方脱位、上方脱位以及侧方脱位。临床上以急性脱位和复发性脱位较常见，后方脱位、上方脱位和侧方脱位较少见，其脱位的方向由打击的力量和方向决定，并常伴有下颌骨骨折或颅脑损伤症状。

【临床表现】

1. 急性前脱位：下颌运动异常，张口后不能完全闭口，前牙呈开殆、反殆；面容焦虑，语言不清，流涎，咀嚼和吞咽困难；耳屏前触诊有凹陷，扪之髁状突明显前移；下颌前伸，脸型相应变长。

2. 复发性脱位：在大哭、打哈欠、进食等张大口时，患者突然感到下颌骨不能自如运动，前牙不能闭合，其临床表现与急性前脱位相同。有的几个月发作一次，有的一个月发作几次，甚至一天发作数次。

【评估要点】

1. 一般情况

（1）评估患者全身营养和精神状况，监测血压、血糖。

（2）评估患者有无脑梗死症状及全身其他部位有无外伤史。

（3）评估患者有无张大口史：如打哈欠、唱歌、咬过大食物或癫痫发作、帕金森病等。

（4）对习惯性脱位者应询问有无张口度过大及关节弹响的病史。

2. 专科情况：评估患者面部有无畸形，是否对称，下中切牙中线是否对齐，张闭口及关节运动度如何，双侧关节是否对称，关节窝是否空虚，咬合是否正常，前牙是否开殆，双侧咀嚼肌是否僵硬、紧张、压痛。

3. 辅助检查

（1）血常规检查：陈旧性关节脱位患者可有贫血、血红蛋白下降。

（2）影像学检查：X线片可见脱位侧的关节窝内无髁状突。如有外伤可见骨折线，陈旧性关节脱位患者原关节窝可被纤维组织或骨组织占据。

【护理措施】

颞下颌关节急性脱位后应及时复位，否则在脱位周围逐渐有纤维组织增生后，则难以复位。复位后应限制下颌运动。

1. 复位：复位前应让患者做好思想准备。精神不宜紧张，肌肉要放松，才能使复位顺利进行。必要时，复位前可给予镇静剂。复位方法分为口内法和口外法两种。因咀嚼肌严重痉挛，关节局部水肿、疼痛或患者不能很好配合，手法复位困难者，宜先行局部热敷或局部封闭后再行复位。

2. 限制下颌运动：下颌复位后，为了使被牵拉过度受损的韧带、关节盘诸附着和关节囊得到修复，必须在复位后固定下颌 3 周左右，限制开口运动，开口度不宜超过 1cm。固定的方法以采用颅颌绷带最为简便、适用。

3. 对于复发性关节脱位，单纯限制下颌运动不能达到防止再脱位的目的。一般可注射硬化剂，如硬化剂治疗无效，可采用手术治疗。

【健康教育】

1. 复位术后固定 3 周，术后应避免过大张口，如无法控制者可做颅颌弹力绷带固定或行颌间固定。

2. 如出现再次脱位，应及时复位后再做硬化治疗及针对病因治疗。

2. 出现颞下颌关节紊乱病应遵医嘱积极配合治疗。

唇裂手术的护理

唇裂是胎儿在发育过程中，受到遗传因素或环境因素的影响，使上颌突与球状突未能融合或融合不全，从而导致唇部不同程度的裂开，并可以伴发鼻、牙槽骨和腭畸形的口腔颌面部的先天性畸形。导致胚胎发育障碍的因素较多，可能与营养、遗传、感染、损伤和内分泌等因素有关。唇裂常与腭裂伴发，根据国内外统计，其发病率约为 1‰，唇腭裂男女性别比为 1.5∶1，男性多于女性。其中以单侧唇裂更多见，左侧多于右侧。

外科整复是治疗唇裂畸形的唯一方法。手术的目的是恢复上唇的正常形态和生理功能。手术最适宜年龄为：单侧唇裂在 3～6 个月；双侧唇裂在 6～12 个月。

【临床表现】

国内临床上，根据裂隙的部位可将唇裂分为以下几类。

1. 单侧唇裂

Ⅰ度唇裂：仅限于红唇部分的裂开；

Ⅱ度唇裂：上唇部分裂开，但鼻底尚完整；

Ⅲ度唇裂：整个上唇至鼻底完全裂开。

2. 双侧唇裂：按单侧唇裂分类的方法多双侧分别进行分类，如双侧Ⅲ度唇裂，双侧Ⅱ唇裂，左侧Ⅲ度右侧Ⅰ度混合唇裂等。

此外，临床上还可见到隐性唇裂，即皮肤和黏膜无裂开，但其下方的肌层发育不良，致患侧出现浅沟状凹陷及唇峰分离等畸形。

【评估要点】

1. 一般情况：观察病儿的营养发育状况，询问吸吮、吞咽能力，饮食及喂养方式。

2. 专科情况：根据唇裂畸形特征，评估患儿的唇裂程度。

3. 辅助检查：入院后应进行血常规、尿常规、便常规及凝血功能检查，做心电图和胸部透视或拍 X 线平片。

【护理诊断】

1. 知识缺乏（父母）：与患儿父母对疾病认识不足及缺乏正确的喂养知识有关。

2. 有窒息的危险：与全麻术后呕吐或喂养不当有关。

3. 有受伤的危险（手术切口裂开）：与患儿搔抓切口、哭闹有关。

4. 有感染的危险：与唇部切口暴露，未及时清除鼻涕、血痂或食物残渣有关。

【护理措施】

1. 术前准备

（1）术前3d应指导患儿父母改变喂养方式，停止母乳或奶瓶喂养，改用汤匙或滴管喂食，以便术后患儿适应这种进食方式。

（2）向患儿父母介绍术前注意事项，指导家长注意患儿的保暖，衣着薄厚恰当，防止受凉感冒影响手术。

（3）术前1d做局部皮肤准备，用肥皂水清洗上下唇及鼻部，并用生理盐水棉球擦洗口腔。如系成人，应剪除鼻毛及剃须、洁牙、清除病灶，并用含漱剂漱口。

（4）告知家长：患儿在术前4～6h尚可进食葡萄糖水及糖水100～150ml，随后即需禁食、水。

2. 术后护理

（1）患儿在全麻未清醒前，应取去枕平卧位，头偏向一侧，以利于口内分泌物流出，防止误吸。病室宜温暖，避免术后感冒流涕，导致创口糜烂，甚至裂开。

（2）患儿麻醉清醒后4h，可给予少量流质饮食或母乳，示范并指导患儿家长用滴管或小汤匙喂食，喂食时，汤匙置于健侧，避免碰触伤口。

（3）患儿清醒后，应用护臂夹板固定双臂，限制肘关节弯曲，以免用手搔抓唇部创口。

（4）应将唇部创口暴露，每日可以3%硼酸酒精液清洗创口，保持创口清洁，但切忌用力擦拭创口。如有血痂存积，则可用过氧化氢液、生理盐水清洗，以防痂下感染。张力较大时，使用唇弓固定，于术后10d去除。注意观察皮肤对胶布有无变态反应及皮肤压伤，如有应立即拆除。

（5）遵医嘱给予适当的抗生素，以预防感染。

（6）如伤口愈合良好，可在术后 5～7d 拆去缝线。术后及拆线后，嘱患儿家长防止患儿跌跤及碰撞唇部，以免导致创口裂开。

【健康教育】

1. 告知患儿家长：序列治疗是近年来国际上公认的唇腭裂治疗方法，包括早期的唇粘连、唇裂整复前的牙槽突矫治复位、唇裂整复术、腭裂整复术、牙槽突裂植骨术、鼻畸形矫正术、正颌外科手术以及相关的术前、术后正畸治疗，语音治疗，心理治疗等。与医生共同为患儿制定一个完整的序列治疗计划，可获得更满意的治疗效果。

2. 教会患儿父母清洁唇部及牙槽骨的方法。术后 3 个月复诊，如发现唇部或鼻部的修复仍有缺陷，适当时候可施行二期整复术。

腭裂手术的护理

腭裂系由遗传因素或环境因素影响胚胎发育过程中腭突的融合，进而在新生儿出现的以硬腭、软腭裂开，伴有或不伴有唇或牙槽脊裂的畸形。腭裂不仅有软组织畸形，更主要是骨组织畸形。在功能上，腭裂患者表现为吮吸、进食及语言等生理功能障碍。

腭裂手术的目的是，整复腭部的解剖形态；恢复腭部的生理功能，重建良好的“腭咽闭合”，为正常吞咽、语言功能创造条件。手术年龄以 1～2 岁为宜。手术方法有咽成形术和腭成形术两种。

【临床表现】

1. 软腭裂：仅软腭裂开，有时只限于腭垂。不分左右，一般不伴发唇裂。

2. 不完全性腭裂：也称部分腭裂。软腭完全裂开伴有部分硬腭裂；有时伴发单侧部分（不完全）唇裂，但牙槽突常完整。本型也无左右之分。

3. 单侧完全性腭裂：裂隙自腭垂至切牙孔完全裂开，并斜向外侧直抵牙槽脊，与牙槽裂相连；牙槽突裂有时裂隙相接仅有裂缝，有时裂隙很宽；常伴有同侧唇裂。

4. 双侧完全性腭裂：常与双侧唇裂同时发生，裂隙在前颌骨部分，各向两侧斜裂，直达牙槽突；鼻中隔、前颌及前唇部分孤立于中央。

另有少数非典型情况，如一侧完全、一侧不完全裂；腭垂缺失、黏膜下裂（隐裂）；硬腭部分裂孔等。

【评估要点】

1. 一般情况：观察患儿的营养发育状况，询问吸吮、吞咽能力，饮食及喂养方式。

2. 专科情况

（1）根据临床体征，评估患儿的腭裂程度。

（2）因长期经口腔呼吸，检查是否有下鼻甲、扁桃体肿大及咽后壁增殖腺增生。

3. 辅助检查

（1）入院后应进行血常规、尿常规、便常规及凝血功能检查，做心电图和胸部透视或拍 X 线平片。

（2）有条件时应做语音和腭咽闭合功能检查，包括鼻咽纤维镜检查、X 线鼻咽腔侧位造影、语音评定等。

【护理诊断】

1. 焦虑：与担心手术效果有关。

2. 有窒息的危险：与全麻术后呕吐、麻醉插管导致口咽部水肿及喂养不当有关。

3. 有损伤的危险（手术切口裂开）：与患儿术后哭闹有关。

4. 语音沟通障碍：与腭裂致使生理缺陷及术后伤口疼痛不愿说话有关。

【护理措施】

1. 术前准备

（1）腭裂手术与唇裂手术一样，术前需对患儿进行全面的体检。此外，因腭裂手术时间长，出血较多，还应做好输血准备。

（2）向患儿及家属介绍同样疾病的患儿治愈后的情况，以缓解患儿及家属的焦虑情绪。

（3）指导患儿父母采取正确的喂养方法，即用汤匙或滴管喂食，以适应术后的进食方法。

（4）术前 3d 开始用漱口剂漱口，呋喃西林麻黄碱液滴鼻，每日 3 次。

2. 术后护理：腭裂患儿手术后易发生咽喉部水肿、出血、窒息、感染、打鼾及睡眠呼吸暂停综合征、创口裂开或穿孔等并发症，在护理过程中要认真观察病情变化，预防并发症的发生。

（1）全麻未醒者，按全麻术后常规护理。麻醉完全清醒后可采取头高卧位，以减轻局部水肿。拔除气管插管后，仍应严密观察患儿的生命体征，体位宜平卧、头偏侧位或低位，以利于口内血液、唾液流出，并防止呕吐物逆行性吸入。

（2）保持呼吸道通畅，随时吸出口、鼻腔血性渗出物和呕吐物。在嗜睡时，患儿可能发生舌后坠，妨碍呼吸，应放置口咽通气道，给予氧气吸入。发现患儿哭声嘶哑，说明有喉头水肿，应及时给予激素治疗并密切观察呼吸变化，出现呼吸困难应及时行气管切开术，防止窒息。

（3）注意伤口及鼻腔有无渗血，手术当天唾液内带有血水而未见明显渗血和出血时，局部无须处理，全身给予止血药物。如口内有血凝块或发现明显出血点，可局部用纱布压迫止血，立即报告医生彻底止血。保持腭部松弛切口的碘仿纱条固位，防止松脱。

（4）遵医嘱应用抗生素 3～5d，预防感染。用 0.25% 氯麻合剂或呋麻合剂滴鼻，每日 3 次。

（5）术后应保持患儿安静，防止哭闹、感冒咳嗽，以免增加腭部创口张力。禁止患儿大声哭闹和将手指、玩具等物纳入口中，以防创口裂开。

（6）如患儿合作，应每日清洗口腔，成人给予漱口剂漱口。餐后多饮水，以防食物残留创缘，保持口腔卫生和创口清洁。

（7）饮食护理：麻醉清醒后 4h 如无呕吐，可先给予少量葡萄糖水，继而可用小汤匙或滴管喂饲牛奶，速度不宜过快，一次进食量不宜过多，咳嗽和大声哭闹时暂时不宜进食，以防窒息的发生。术后 10～14d 内进食流食，以后逐渐改半流食，1 个月后可进普食。

（8）术后 8～10d 可间断抽出松弛切口的碘仿纱条，腭部创口缝线于术后 2 周拆线，如患儿不配合，缝线可不拆除任其自行脱落。术后 1～2 个月开始语音训练。

【健康教育】

1. 告知患儿家长：序列治疗是近年来国际上公认的唇腭裂治疗方法，包括早期的唇粘连、唇裂整复前的牙槽突矫治复位、唇裂整复术、腭裂整复术、牙槽突裂植骨术、鼻畸形矫正术、正颌外科手术以及相关的术前、术后正畸治疗，语音治疗，心理治疗等。与医生共同为患儿制定一个完整的序列治疗计划，可获得更满意的治疗效果。

2. 语音训练：腭裂整复术后为正常发音、语音创造了解剖条件，但一般仍需进行一段时间的功能训练后，才可能获得较正确的语音；而对年龄较大或成年时方行手术治疗者，由于其已经形成一定的腭裂语音习惯，即使进行了解剖上的重建，发音效果仍往往不能令人满意，在这种情况下，语音训练就更成为整个腭裂治疗中十分重要的环节。在一些专科医院设有腭裂术后语音训练治疗室，由专职的语音训练师指导患儿矫正发音，并有语音功能检测设备，测试语音恢复效果。

腭裂患儿的家庭语音训练应在术后1～2个月开始进行。其训练分为两个阶段进行。

第一阶段：主要是练习软腭及咽部的肌肉活动，使其有效地完成“腭咽闭合”动作，此阶段中较常用的有以下几种方法。

（1）吹气法：这是一种最简单而有效的方法。可以训练正确的呼吸方向，以及逐渐增加口腔中的气压。可用玻璃管吹水泡或肥皂泡，或练习吹气球、笛子、喇叭、口琴等。

（2）练习唇舌部肌肉活动：唇舌的肌肉活动对正确发音有密切关系。腭裂患者在发音时常常运用唇舌的运动强行代偿，因此，必须重新训练，以纠正其不正确的习惯，使唇舌肌肉变得灵活和协调。

第二阶段：在软腭、咽部以及唇舌部的肌肉活动已趋于正常，“腭咽闭合”也已基本恢复正常后，就可以开始第二阶段的发音练习。这需要在一定的指导下，患者长时间坚持不懈的努力才能取得良好的效果。

（1）练习单音：可按学习汉语拼音法进行训练，在练习字母发音时，最好由专门人员指导，并注意观察患者不能正确发音的原因，并随时予以纠正。

（2）练习单字的拼音：能够准确发出元音及辅音字母后，即可以开始练习单字的拼音。

（3）练习语句及谈话：在拼音的基础上，可开始练习简单的语句和谈话，要求语句中的每个单字发音清楚，互不混淆，待能缓慢而正确地读出短句后，可进一步练习朗读较长的文章，逐渐加快速度。可先由练习唱歌、朗诵、读报等做起，然后再练习谈话。

舌癌的护理

舌癌是口腔颌面部常见的恶性肿瘤，多为鳞癌。男性多于女性，但近年来有女性增多及发病年龄年轻化的趋势。目前发病原因不明，多由于长期刺激，如残冠、残根、慢性炎症、不良修复体、白斑或乳头状瘤引起。过度烟酒也是好发原因，病变部位多在舌前2/3部分，呈溃疡型或浸润型生长。

【临床表现】

舌癌多发于舌缘，其次为舌尖、舌背及舌根处，生长快，浸润性强，常波及舌肌致舌运动受限；有时进食、说话、吞咽发生困难，晚期可波及口底及颌骨，使舌固定；如有继发感染，可出现剧烈疼痛，放射至耳颞部及整个同侧颈面部。另外，舌癌早期即可发生淋巴结转移，以颈深上淋巴结、下颌下淋巴结转移最多。

【护理评估】

1. 一般情况：询问患者既往健康状况，有无药物过敏史、家族史，有无不良生活习惯，评估患者的营养状况能否耐受手术，生命体征有无异常以及对本病的认知程度，同时了解家人对本病的认知以及经济状况。

2. 专科情况：了解肿瘤发生的部位、大小，是否有舌运动受限，是否疼痛，是否有淋巴结转移等。

3. 实验室及其他检查：触诊比望诊更具诊断意义，组织活检可确诊。

【护理诊断】

1. 恐惧焦虑：与所患疾病性质有关。

2. 有窒息的危险：与术后易发生舌后坠，局部组织黏膜肿胀有关。

3. 营养失调，低于机体需要量：与化疗药导致胃肠道反应及术后进食困难有关。

4. 有感染的危险：与术后口腔卫生困难，局部伤口血性分泌物增加有关。

5. 疼痛：与癌肿侵犯神经有关。

【护理措施】

1. 术前护理

（1）心理护理：针对患者对疾病本身及手术的恐惧心理，鼓励患者树立战胜疾病的信心和勇气，也可介绍其同类病友现身说教，取得患者的配合，同时对术后可能出现的张口、进食、语言困难等问题，均应事先告知患者，使其有足够的心理准备。对于疼痛患者多做解释工作，必要时适当止痛。

（2）术前化疗者：嘱其饮食宜清淡，少油腻。给予高蛋白、高热量、高维生素的饮食，如肉汤、营养餐等。

（3）口腔护理：保持口腔清洁，嘱患者刷牙要彻底，给予含漱剂漱口，每日3～4次，每次3～5min，术前常规全口洁治。

（4）常规准备：术前1d配血、备皮，如病灶过大，须做邻近组织瓣转移或游离组织瓣修复者，做好供皮区皮肤准备，如做舌颌颈联合根治者，术侧皮肤准备区入发际2～5cm，术日置胃管、尿管保留。

2. 术后护理

（1）保持呼吸道通畅：患者因切除一侧舌体及下颌骨，易引起舌后坠堵塞呼吸道，应及时吸出口腔内分泌物，气管切开者按气管切开常规护理。如带气管插管（经鼻或经口）者，气囊放气前，应先吸净口鼻腔分泌物。为防止分泌物干燥结痂，常规气管插管内泵入生理盐水或气管内滴药，速度6～10ml/h

泵入。

（2）注意伤口渗血情况：保持负压引流通畅，观察引流量及颜色，如引流液鲜红色，量>250ml/d，或呈乳白牛奶状，均属异常，应及时报告医生处理。24h引流液为20～30ml时可拔管，口内伤口8～10d拆线，口外伤口5～7d拆线。

（3）饮食：给予高蛋白、高热量、高维生素、易消化饮食，不能进食者给予鼻饲。

（4）保持口腔清洁：舌癌术后因张口受限、咀嚼困难，有时伤口渗血，不便漱口，为预防伤口感染必须进行口腔冲洗，每日2次。方法是用20ml注射器吸取1%～1.5%过氧化氢冲洗口腔，使局部分泌物及残渣产生泡沫而脱落，再用生理盐水冲净，动作要轻，防止碰伤创面。

（5）游离组织瓣修复患者：采取平卧位，头偏向患侧5～7d，术后48h内严密观察口内皮瓣颜色，注意有无肿胀，发现异常及时报告医生处理。为了促进皮瓣成活，可局部热疗，也可输注促进微循环药物。

【健康教育】

1. 向患者讲解当前医学知识发展情况，对本病的治疗已取得很好的疗效，同时做好家属工作，保持乐观的态度，使患者密切配合治疗。

2. 讲解放疗、化疗期间可能出现的一些不良反应，如胃肠道反应、脱发等，嘱患者不要过于紧张，同时可给予一些对抗反应的药物，减轻不良反应的症状。

3. 术后鼻饲饮食的重要性：保证质和量以供机体需要，促进伤口愈合。

4. 保持口腔卫生的重要性。

5. 术后恢复期进行发音练习，口内拆除缝线后可做张口练习及舌运动功能练习，舌癌根治同期行下颌骨植骨者，应在骨质愈合后，练习张口和咀嚼运动，需坚持 3 ~6 个月。

6. 定期复查，每 3 个月 1 次，及早发现复发病灶或淋巴结转移等。

牙龈癌的护理

牙龈癌是常见的口腔癌，多为高分化的鳞状细胞癌，在口腔癌中居第二或第三位，发病原因多与不良烟酒嗜好及残根、残冠、不良修复体刺激有关。下颌牙龈癌的发病率明显高于上颌，比例为 2 ∶ 1 ~3 ∶ 1，40 ~60 岁中老年人多发病，男性多于女性。

【临床表现】

牙龈癌多发生在磨牙或前磨牙区的牙龈黏膜，以溃疡型多见，极少表现为增生型。牙龈癌发展缓慢，向四周呈浸润性生长，早期向牙槽突及颌骨浸润，使骨质破坏，引起牙齿松动和疼痛。溃疡继发感染时，可引起剧痛和恶臭。上牙龈癌可侵及上颌窦及腭部，下牙龈癌可侵及口底及颊部，如向后发展到磨牙区及咽部时，可引起张口困难。下牙龈癌比上牙龈癌淋巴结转移早，同时也较多见。

【评估要点】

1. 一般情况：了解患者对疾病的认知程度，评估患者全身营养状况、生命体征，询问其有无不良嗜好、家族史、既往史、过敏史等。

2. 专科情况：了解癌肿的部位、大小、浸润程度以及有无淋巴结转移、淋巴结转移的程度等。

3. 实验室及其他检查：X 线曲面断层片，主要查骨质破坏情况。颈部 CT 可确定病变部位、大小及有无淋巴结转移等。

【护理诊断】

1. 恐惧、绝望：与手术破坏颌面外形和生理功能，使生活质量下降有关。

2. 有窒息危险：与术后全麻未醒、分泌物吸入、舌后坠有关。

3. 自我形象紊乱：与颌骨切除后导致面部组织缺损有关。

4. 营养失调，低于机体需要量：与手术创伤、张口受限有关。

【护理措施】

1. 术前护理

（1）心理护理：因肿瘤侵袭颌骨，手术破坏性大，手术范围广泛，术后将出现语言不清、流涎、进食困难、感觉麻木等问题，必然会给患者带来精神和肉体上的极大痛苦，因此对患者应具有高度的同情心和责任心，鼓励患者勇敢面对现实；同时也向患者讲述颌骨切除后的义颌修复，可使患者的面形、咀嚼和发音功能得到一定程度的恢复，从而使患者以积极的心理接受手术。

（2）口腔护理：保持口腔卫生，术前进行全口洁治。

（3）常规准备：常规配血、备皮，除面颊皮肤外，需口内植皮者，做好供皮区皮肤准备，术日晨禁食、水，必要时置胃管、尿管保留。

（4）修复体准备：一侧下颌骨截除者，需做好健侧的斜面导板；上颌骨截除者必要时备腭护板。

2. 术后护理

（1）保持呼吸道通畅：全麻未清醒前，应及时吸出口内分泌物，为防止舌后坠应将穿过舌体的牵拉线拉紧，使舌前伸，并行固定，气管切开者按气管切开护理常规护理。

（2）饮食：给予患者高热量、高蛋白、高维生素的流质饮食，不能进食者进行鼻饲，必要时可静脉补充营养，保证机体需要。

（3）口腔护理：给予口腔冲洗 2 次/天，方法同舌癌的冲洗方法，进食后及时用漱口剂漱口，每日 3～4 次，每次3～5min。

（4）体位：手术次日改半卧位，鼓励患者咳嗽排痰，行雾化吸入 2 次/天，防止呼吸道感染。

（5）上颌骨截除口内植皮者：应注意包扎的敷料或填塞的碘仿纱布的固定情况，防止松动脱落，一般于手术后 1 周拆线，10～14d 除去口内固定的敷料。

（6）应用抗生素预防感染，对立即植骨者在拆线及创口愈合后还应继续使用 1 周。

【健康教育】

1. 做好心理护理，鼓励患者树立战胜疾病的信心，同时也要做好家属工作。

2. 说明术后饮食的重要性，给机体提供必需的能量，也是疾病愈合的关键，从流质、软食，逐渐过渡到正常饮食。

3. 保持口腔卫生的重要性。

4. 下颌骨截除后的患者，使用斜面导板应维持半年以上；上颌骨截除者创口出现不愈合尽早进行张口训练，及时进行颌面部义颌修复。

5. 行颈淋巴结清扫者，注意同侧上肢功能锻炼。

6. 定期复查，及时发现复发灶及淋巴结转移等。

7. 切缘阳性或淋巴结转移者，术后 5 周内需行放疗、化疗或生物治疗。

颊癌的护理

原发于颊黏膜的癌叫颊癌。颊黏膜癌发病率较高，占口腔癌的第二或第三位，90% 以上为鳞状细胞癌，男性多发，男：女约为 2：1，发病年龄多在 60 岁以上，近年来女性发病有上升趋势。发病原因多与烟酒不良嗜好以及口内残根、残冠、不良修复体刺激有关，其他癌前病变如增殖性红斑、白斑、扁平苔癣等也可发展为颊癌。

【临床表现】

颊黏膜癌通常有溃疡形成，伴局部浸润，仅有少部分表现为疣状或乳突状的外突型，由白斑发展来的颊癌，常在患区查见白斑。

颊癌早期一般无明显疼痛，当癌肿浸润肌层等深部组织并合并感染时，出现明显疼痛，伴不同程度的张口受限，甚至牙关紧闭，牙周组织受累后，可出现牙痛或牙松动。癌肿穿透颊部时，可出现皮肤瘘，患者常有颈部淋巴结肿大，亦可累及颈深上淋巴结。

【护理评估】

1. 一般情况：评估患者全身营养状况，询问其家族史、过敏史、有无不良生活习惯，全面评估患者对疾病的认知程度。

2. 专科情况：评估肿瘤的部位、大小、边界及有无淋巴结转移等。

3. 实验室及其他检查：X 线曲面断层片，可了解颌骨破坏情况；颌面部及颈部 CT，可表现为压迫吸收和浸润性破坏。

【护理诊断】

1. 恐惧：与预感肿瘤会导致死亡有关。

2. 有窒息的危险：与术后全麻未醒、分泌物吸入、局部组织缺损、舌后坠有关。

3. 营养失调：与术前放疗、化疗及术后张口困难及手术创伤有关。

4. 自我形象紊乱：与手术切除局部组织致面部形象改变有关。

【护理措施】

1. 术前护理

（1）做好心理护理，给患者讲述放疗、化疗的一些不良反应，同时应用一些对抗不良反应的药物，使其有足够的心理准备，也可让恢复期患者现身说教，增强患者战胜疾病的信心，使其以积极心态接受治疗。

（2）做好口腔护理，保持口腔卫生。

（3）术日应禁食、水，必要时置胃管、尿管保留。

（4）常规备皮、配血，颊癌手术需足够的深度，足够的边界，颈淋巴结清扫，术侧皮肤准备入发际2～5cm，同时做好组织缺损修复的皮肤准备工作。

2. 术后护理

（1）保持呼吸道通畅，全麻未清醒前，及时吸出口腔内分泌物，防止分泌物吸入呼吸道而引起窒息。

（2）观察伤口敷料渗血情况，并保持负压引流通畅，观察引流液的量及颜色，发现异常，及时报告医生，便于及早处理。

（3）观察口内皮瓣的血运情况，发现异常及时处理。

（4）保持口腔卫生，口腔冲洗2次/天。

（5）鼓励患者咳嗽排痰，必要时可雾化吸入2～3次/天，以预防呼吸道感染。

（6）术后给予高热量、高蛋白、富含营养的流质饮食，必要时可行鼻饲，同时也可静脉补充营养。

【健康教育】

1. 做好心理工作：讲解手术的必要性及成功的病例，树立患者与疾病作斗争的信心，主动接受治疗。

2. 讲解术后饮食的重要性。

3. 向患者及家属讲解术后放置引流管的作用，做好引流管的护理。

4. 告知患者术后张口训练的重要性，以提高生活质量。

5. 定期复查，每3个月1次。

6. 对于颊部愈合有缺损者，待患者机体恢复后，可做修补术。

造釉细胞瘤的护理

造釉细胞瘤是口腔颌面部最为常见的颌骨良性病变之一，在病理上属于牙源性良性肿瘤。主要特征为颌骨的缓慢、渐进性膨大和骨髓破坏。以青壮年为高发年龄段，多发生于下颌骨。

【临床表现】

患者早期可无症状，就诊患者通常以颌面膨隆、肿大、突起等畸形为主诉，病史数月至数年不等。病变明显长大后侵及牙槽突，进一步发展，破坏骨皮质进入软组织，引起吞咽、咀嚼和呼吸障碍，也可继发感染，引起化脓、溃烂、疼痛。

【护理评估】

1. 一般情况：评估患者对疾病的认知程度，询问其既往史、药物过敏史、家族史，有无不良生活习惯，目前的健康状况等。

2. 专科情况：观察肿瘤的形态、部位、大小、边界、与邻近组织关系等。

3. 实验室及其他检查：X线曲面断层片，是诊断造釉细胞瘤的主要依据之一。典型早期X线表现呈蜂房状，以后形成多房性囊肿样阴影，单房较少。另外，穿刺可抽出褐色液体。

【护理诊断】

1. 自我形象紊乱：与疾病所致面部形象改变有关。

2. 恐惧、焦虑：与手术范围大、引起的创伤疼痛有关。

3. 潜在并发症：出血、感染。

4. 营养失调：与术后进食困难有关。

【护理措施】

1. 术前护理

（1）做好心理护理：有些患者对手术方法不接受，我们应该认真做好思想工作，多与患者沟通，讲解手术的必要性，解除患者的恐惧心理，使其树立战胜疾病的信心。

（2）特殊准备：必要时置胃管、尿管保留。

（3）常规准备；术日晨禁食、水，备皮、配血，并准备供皮区的皮肤消毒等。

2. 术后护理

（1）全麻回房后头侧卧位，低流量吸氧 12～24h，1～2L/h。

（2）观察术后引流的量及颜色，如引流液颜色鲜红，量大于350ml，则可疑有出血，通知医生，尽快处理。

（3）手术保留下颌下缘厚度较薄者，行颌间结扎6周。全下颌骨切除行预防性气管切开者，按气管切开护理常规护理。

（4）术后5d严密观察游离皮瓣的色泽、温度，防止游离皮瓣因血管坏死、受压而造成坏死，如有异常，及时报告医生处理。皮瓣坏死多发生在48～72h内。

（5）术后5～7d，头颈制动，尽可能保持同一水平，可静脉给予改善微循环药物，以利于吻合血管的愈合。

（6）术后2d进流质饮食，餐后漱口，保持口腔卫生。

（7）7d拆除缝线后，进行功能锻炼，鼓励患者早期下床活动。

【健康教育】

1. 讲解手术的必要性以及治疗成功患者的恢复情况，使患者以积极心态接受治疗。

2. 讲解术后头颈部制动的重要性，使患者和家属配合治疗。

3. 术后7d拆除缝线，如术中使用电刀者，术后9d间断拆线，2～3d内拆完。口内缝线10d开始拆除，鼓励患者早期下床活动，进行下肢、颈部功能锻炼。

4. 定期复查，2 个月后门诊做义齿。发现复发，尽早再次手术。

第二篇

眼、耳鼻喉、口腔科常用护理技术操作规程

YAN ERBIHOU KOUQIANGKE CHANGYONG HULIJISHU CAOZUOGUICHENG

第一章　眼科常用护理技术操作规程

滴眼药水法

【目的】

用于预防、治疗眼部疾病、散瞳、缩瞳及表面麻醉等。

【用物】

眼药水、滴管或滴瓶、消毒棉签。

【操作程序】

1. 患者取坐位或仰卧位，头稍后仰，眼向上注视。

2. 用棉签擦去患眼分泌物，左手持棉签拉开患者下睑，右手持眼药水瓶或滴管将药液滴入下穹隆的结膜囊内。

3. 用左手拇指和食指将上睑轻轻提起，使药液在结膜囊内弥散。

4. 用棉签擦去流出的药液，嘱患者闭眼 1～2min。

【注意事项】

1. 滴眼药水前先洗手，核对患者姓名、眼别、药名、浓度，检查眼药水有无变色或沉淀。

2. 眼药水不要直接滴在角膜上，瓶口或滴管勿触及眼睑及睫毛，应距眼 2～3cm。

3. 勿压迫眼球，尤其是有角膜溃疡或伤口的患者。

4. 滴用阿托品、毛果芸香碱等剧毒性药品时，应于滴药后用干棉签即刻按压泪囊区 2～3min，以免药液经泪道进入鼻腔吸收，引起中毒反应。

5. 滴混悬液时，应摇匀后再用。滴用多种药物时，每种药物间隔不少于5min。

6. 使用滴管时，滴管禁止倒置，应定期消毒，以防止污染。

涂眼药膏法

【目的】

防治眼部疾病，宜在晚间睡前或手术后使用。

【用物】

眼药膏、消毒圆头玻璃棒、消毒棉签。

【操作程序】

1. 患者取仰卧位或坐位，头稍向后仰，眼向上注视。

2. 操作者用棉签拉开患者下睑，右手将眼药膏挤入下穹隆部结膜囊内，或用玻璃棒蘸眼药膏少许，将玻璃棒连同眼药膏平放于穹隆部，嘱患者闭眼，同时转动玻璃棒从水平方向抽出。

3. 按摩眼睑使眼药膏均匀分布于结膜囊内。

【注意事项】

1. 涂眼药膏前应检查玻璃棒圆头是否光滑完整，有破损应停止使用，以免损伤结膜和角膜。

2. 不要将睫毛连同玻璃棒一同卷入结膜囊内。

3. 涂管装眼药膏时，管口勿触及睫毛及睑缘。

结膜下注射法

【目的】

药物注射到结膜下，可提高药物在眼局部的浓度，延长药物的作用时间，同时刺激局部血管扩张，渗透压增加，有利于新陈代谢和炎症吸收，常用于治疗眼前部疾病。

【用物】

1~2ml 注射器、4 号注射针头、注射药物、0.5%~1% 丁卡因、抗生素眼药水、消毒棉签、消毒眼罩、胶布、消毒盘。

【操作程序】

1. 患者取坐位或仰卧位，用 0.5%~1% 丁卡因表面麻醉 2 次，间隔 3~5min。

2. 操作者用左手拇指、食指分开上下眼睑。注射部位可选在靠近穹隆部的球结膜，选上方注射时，嘱患者眼球向鼻下方注视，在角膜缘 5~6mm 以外的颞上方球结膜进针；选下方注射时，嘱患者眼球上转，在角膜缘下方近穹隆部球结膜进针。

3. 右手持装有药液的注射器，进针角度与眼球表面成 10°~15°，避开血管挑起球结膜进针，缓慢注入药液，使球结膜呈鱼泡样隆起。

4. 注射完毕，拔出针头，滴抗生素眼药水，闭目休息片刻，查看结膜下有无出血，戴眼罩。

【注意事项】

1. 注射前应询问药物过敏史，必要时做皮试，核对药物及眼别。

2. 嘱患者头部及眼球均不要转动，以免刺伤眼球；对于不合作或眼球震颤患者，可用开睑器开睑及固定镊固定眼球后再注射。

3. 注射时针头勿指向角膜，进针时应避开血管，如有出血可用消毒棉签压迫止血。

4. 角膜溃疡患者注射时勿加压于眼球。

5. 多次注射者，应更换部位，以免形成瘢痕。

6. 刺激性强并易造成局部坏死的药物，忌球结膜下注射。

球后注射

【目的】

用于眼底病给药、内眼手术时球后麻醉。

【用物】

2～5ml注射器、5号球后注射针头、注射药物、消毒干棉球（纱布）、2%碘酒、75%酒精或聚维酮碘、消毒棉签、消毒盘、砂轮、弯盘。

【操作程序】

1. 患者取坐位或仰卧位，头稍后仰。

2. 选择注射部位（眶下缘中外1/3交界处）。以穿刺点为中心，常规消毒眼睑周围皮肤，操作者左手持一消毒棉签协助确定注射部位，右手持装有药液的注射器。

3. 嘱患者向鼻上方注视，并保持眼球不动。在眶下缘中外1/3交界处进针，针头沿眶缘垂直于皮肤刺入1～1.5cm，沿眶壁走行，向内上方倾斜30°，缓缓进针3～3.5cm，抽吸无回血，缓慢注射药液。

4. 推药完毕，左手持棉签按压注射部位，右手拔出针头。拔针后嘱患者闭目并垫以消毒干棉球（纱布）压迫针眼片刻，并轻轻按摩眼球，使药液迅速扩散。

【注意事项】

1. 注射针头通过注射部位时应无阻力，如遇阻力不可强行进针。

2. 动作要轻巧，进针要稳准，针头不可在眶内来回摆动，避免伤及神经和血管。

3. 注射后如有眼球突出、运动受限等为球后出血，应立即给予加压包扎，次日复诊。

4. 若有视力急剧减退，甚至无光感等症状，应通知医生及时给予处理。

眼冲洗法

【目的】

清除结膜囊内的异物、酸碱化学物质和脓性分泌物，以及手术前清洁结膜囊。

【用物】

玻璃洗眼壶、受水器、消毒棉签、冲洗液（生理盐水、3%硼酸液、2%碳酸氢钠液等）。

【操作程序】

1. 患者取坐位，自持受水器紧贴面颊部；若取仰卧位，则受水器置于颞部。

2. 擦净眼部分泌物及眼药膏，用棉签分开上下眼睑，冲洗液先冲洗眼睑皮肤，然后再冲洗结膜囊，嘱患者眼球向各个方向转动，并翻转眼睑，充分冲洗结膜各部位。

3. 用棉签擦净眼睑及颊部水滴，将受水器内的污水倒出，清洗消毒后再用。

【注意事项】

1. 冲洗时，洗眼壶距眼3～5cm，不可接触眼睑及眼球，冲洗液不可进入健眼。

2. 冲洗液不可过凉，温度18～20℃为宜。

3. 对于眼化学伤冲洗要及时，要反复、彻底冲洗。

4. 眼球穿通伤及较深的角膜溃疡患者，禁忌冲洗。

5. 对于传染性眼病的用具用后应先用消毒液浸泡，再冲洗消毒。

泪道冲洗法

【目的】

用于泪道疾病的诊断、治疗及内眼手术前的泪道清洁。

【用物】

2~5ml 注射器、泪道冲洗针头、泪点扩张器、受水器、0.5%~1%丁卡因、生理盐水、抗生素滴眼液、消毒棉签。

【操作程序】

1. 患者取坐位或仰卧位。坐位时，受水器紧贴于面颊部；仰卧位时，受水器紧贴颞侧。

2. 压迫泪囊将分泌物挤出，然后将蘸有丁卡因的棉球（棉签）置于上下泪点之间，表面麻醉3~5min。

3. 操作者用左手拇指轻拉下睑内眦部暴露下泪小点，右手持注射器将针头垂直插入泪小点1~1.5mm，再使针头水平转向鼻侧，沿泪小管走行方向进针5~6mm，缓缓注入冲洗液，并询问患者有无液体流入咽部。

4. 注入冲洗液时无阻力，患者自觉有溶液顺利流入咽部（婴幼儿有吞咽动作），表示泪道通畅；冲洗时有阻力，用力加压后有少量液体流到咽部，且泪小点也有液体反流，提示鼻泪管狭窄；冲洗时有阻力，冲洗液从原路返回，口咽部无液体流入，提示泪小管阻塞；从下泪点冲洗时自上泪点反流，提示泪总管阻塞；冲洗时如有黏液或脓性分泌物，提示有慢性泪囊炎。

5. 冲洗完毕，滴入抗生素眼药水。

【注意事项】

1. 慢性泪囊炎患者，冲洗前先挤压泪囊部，排除分泌物。

2. 泪点狭小者，宜先用扩张器扩大泪点，再进行冲洗。若下泪小点闭锁，可由上泪小点冲洗。

3. 操作时动作要轻巧、正确，进针遇到阻力时，不可强行推进，以防损伤正常组织，造成假道。

4. 注入冲洗液时，如出现皮下肿胀，为误入皮下组织，应立即停止冲洗。必要时应用抗生素预防感染。

5. 勿反复冲洗，避免黏膜损伤或粘连引起泪小管阻塞。

剪睫毛法

【目的】

内眼手术前准备，以便于睑缘彻底消毒，利于术中操作。

【用物】

治疗盘、眼科弯剪（浸于75%酒精中备用）、红霉素眼药膏、10%磺胺醋酰钠眼药水、消毒棉签、消毒纱布、胶布。

【操作程序】

1. 患者取平卧位，操作者立于患者头侧，向患者做好解释工作，说明剪睫毛的目的，以取得合作。

2. 从消毒缸内取出弯剪，先用干棉签擦拭干净表层酒精，将红霉素眼药膏挤在棉签上，再均匀涂于剪刀两片刀刃上，备用。

3. 术者右手持剪刀，左手小指和无名指间夹一根棉签，左手拇指和食指夹另一根棉签。

4. 剪上睑睫毛时，嘱患者向下看，用拇指和食指间棉签压住上睑皮肤，使睑缘外翻，右手持剪齐根将睫毛剪掉。

5. 剪患者下睑睫毛时，嘱患者向上看，棉签压住下睑皮肤，同法剪去下睑睫毛。

6. 剪完睫毛后用10%磺胺醋酰钠眼药水冲洗结膜囊及睑缘处，彻底冲洗睫毛断端，以消毒纱布包扎，胶布固定。

【注意事项】

1. 注意室内光线明亮，操作轻柔、熟练，勿触及角膜，勿剪伤睑缘皮肤。

2. 如发现睫毛落入睑缘或结膜囊内，立即用10%磺胺醋酰钠冲洗干净，或用湿棉签擦拭。

眼科换药

【目的】

眼科各种手术后，开放性外伤及感染等均需换药，目的是为了局部治疗及病情观察。

【用物】

治疗盘、无菌纱布数块放于一次性换药碗内、无菌筒及镊子、75%酒精、无菌干棉签、弯盘、0.5% ~1%丁卡因、无菌生理盐水棉球、睑拉钩、胶布。

【操作程序】

1. 患者取平卧位，向患者说明换药目的，以取得理解和配合。

2. 轻轻打开眼部敷料，用生理盐水棉球清洁眼睑并拭去眼部分泌物。

3. 用75%酒精棉签擦拭眼睑周围皮肤，切勿使酒精进入眼内。

4. 用棉签或睑拉钩轻轻分开上下眼睑，观察眼球前节病变情况，遵医嘱给予药物治疗，如球结膜下药物注射，滴散瞳药，抗生素眼药水，球后注射等。

5. 操作完毕，用无菌纱布包扎单眼或双眼，胶布固定，必要时用四头绷带包扎。

【注意事项】

1. 换药用物需专人负责，定期消毒，严格无菌技术，避免交叉感染。

2. 换下来的污染敷料及污物应及时进行处理。

3. 住院患者的换药要和眼科检查、眼科治疗等共同完成，以免增加患者的痛苦。

眼压检查（压陷式眼压计）

【目的】

检查眼内容物作用于眼球壁的压力，为青光眼的诊断、治疗后的随访提供重要依据。

【用物】

压陷式眼压计、0.5%～1%地卡因、棉签、75%酒精、棉球、抗生素眼药水、治疗盘。

【操作程序】

1. 患者取仰卧位，颈部衣着不宜紧扣，情绪放松，向患者说明眼压检查的目的，使其主动配合。

2. 双眼滴0.5%～1%丁卡因，每隔3min 1次，共2～3次，待患者能自行睁眼，角膜知觉消退后即可测量。

3. 检查者以左手拇指和食指分开睑裂（切忌压迫眼球），嘱患者向正上方固视一目标或自己的手指，使两眼角膜保持水平正中位置。右手持眼压计放在角膜中央，以脚板与角膜密切接触，持柄落在圆柱中间为度，眼压计保持垂直。

4. 测眼压顺序为先右后左。开始用5.5g砝码测量，眼压计指针所指刻度在3～7刻度范围内为宜。若小于3或大于7时应更换砝码。最后以刻度值查核算表得出眼压数值，并做记录。其记录方式：砝码/刻度读数 = mmHg。

【注意事项】

1. 撑开眼睑时应将眼睑固定于眶缘，切忌对眼球施加压力，否则压迫眼球可造成眼压值增高。

2. 眼压计放下时切勿触及睫毛，以防眨眼。

3. 检查时，检查的两手不可妨碍患者固视眼的注视目标。患眼注视目标应适宜，不可过高或过低。

4. 眼压测量次数不宜太多，连续测量不超过 3 次；放置角膜上时间 2 ~4s 完成测量，不宜太久，否则导致眼压下降或角膜上皮擦伤。

5. 眼压计的持柄套管不可过低，压迫脚板或套管未能下降，均可影响眼压结果。

6. 角膜弯曲度有明显改变的小角膜、高度近视、小眼球、大角膜，检查时应当用异常角膜曲率同眼压计核算表矫正。

7. 有细菌性、病毒性角膜炎、角膜溃疡、角膜白瘢、翼状胬肉、角膜上皮脱落、角膜化学性烧伤、眼球穿通伤、眼球震颤、神经质患者均不宜用此法检查眼压。

8. 测量结束后滴抗生素眼药水，预防感染，并嘱患者勿揉眼，防止角膜上皮剥脱。

远视力检查技术

【目的】

远视力检测用于检测眼的形觉功能，中心视力是形觉的主要标志，分为远视力和近视力，代表视网膜黄斑中心凹处的视觉敏锐度。视力检查可简单迅速地反映被检查者视功能的主要情况，对临床诊断和体格检查都有重要意义。

【用物】

国际标准视力表（灯箱）、挡眼板、视杆、手电筒、记录笔、病历本、椅子。

【操作程序】

1. 受检者距视力表 5m 远近，1.0 行与被检眼等高。向患者说明检查目的，先测右眼，再测左眼。

2. 用遮眼板遮挡左眼视力，但不要压迫眼球。

3. 检查者由上而下用视杆指点视标，嘱受检者（应在 3s 内）说出或用手势表示出该视标的缺口方向。逐行检查，找出被检者至多能将哪一行视标完全正确认识，该行标志的数字即表示被检者的视力。

4. 如在5m处也不能认出0.1行，则嘱患者逐步向视力表走近，直到认出为止，记录以实际距离计算，如3m为0.1×3/5=0.06。

5. 如走到1m处仍不能辨认0.1行，则改查指数（CF），即被检者背光，辨认检查者伸出手指的数目，逐渐移近，直到能正确辨认为止，并记录该距离，如“指数/30cm”。

6. 如在手指距眼5cm处仍不能正确数指，则改查手动（HM），即检查者在被检者的前方摆动手，嘱被检者辨认检查者的手是否在摆动，并记下该距离，如“手动/30cm”。

7. 如即使靠近被检者眼前仍不能判断是否有手动，则改查光感（LP），即在暗室内用检眼镜光或手电照射被检眼，测试被检者是否能正确判断眼前有无亮光，如能则记录为光感/1m，否则，记为“无光感”。

8. 如有光感，还要查光定位能力。即受检眼向前方固视，将光源放在受检眼前1m处上下左右等9个方位，测试受检眼能否正确判断该光源方向，记录时应标出各方位光定力能力是否存在。

【注意事项】

1. 视力表悬挂高度适宜，距被检者5m，光线充足、均匀。

2. 所有检查均要嘱患者切实遮挡另一眼视力，确保检查的准确性。

3. 如患者为戴镜者，应先测裸眼视力，然后测戴镜视力并记录矫正视力及矫正眼镜片的度数。

第二章　耳鼻喉科常用护理技术操作规程

外耳道清洗法

【目的】

1. 清洗外耳道分泌物，明确鼓膜有无穿孔，协助诊断与治疗。

2. 擦拭外耳道分泌物做细菌培养及药敏试验，辅助治疗。

【用物】

1. 物品：卷棉子、耳镜、耳镊、耵聍钩。

2. 药品：3%过氧化氢液。

【操作程序】

1. 外耳道清洗前，应向患者说明清洗的目的与注意事项。

2. 协助患者取侧坐位，患耳朝向操作者。

3. 用细菌培养管中拭子蘸取外耳道分泌物送检。

4. 用耵聍钩、耳镊及卷棉子小心清除外耳道内的耵聍。

5. 向外耳道内滴入3%过氧化氢液3~5滴，待其起泡沫溢出，用卷棉子拭净。可疑鼓膜穿孔者可用手指按压耳屏数次，使过氧化氢液经鼓膜穿孔进入中耳，待泡沫溢出用卷棉子拭净，必要时重复操作。

【注意事项】

1. 清洗前注意观察并记录外耳道分泌物的颜色、气味。

2. 用卷棉子时动作要轻柔，不可损伤外耳道皮肤和鼓膜。

外耳道冲洗法

【目的】

1. 冲洗出外耳道已软化的耵聍。

2. 冲洗出外耳道微小异物。

【用物】

1. 物品：治疗碗、弯盘、治疗巾、20ml 注射器、干棉签。

2. 药品：温生理盐水（37～38℃）。

【操作程序】

1. 向患者说明外耳道冲洗的目的和注意事项。

2. 协助患者取侧坐位，患耳朝向操作者。

3. 将治疗巾人字形铺于患侧肩上，将弯盘放于患耳耳垂下方紧贴皮肤，嘱患者拿紧，以便盛取流出的冲洗液。

4. 操作者用左手将患者耳郭向后上方（小儿向后下方）轻轻牵引，右手执吸满温生理盐水的 20ml 注射器（针尖磨平），向外耳道口后上壁的方向冲洗，使水沿外耳道后上壁进入深部，借水的回流力量将耵聍或异物冲出，直至冲净为止。

5. 用干棉签擦干外耳道。

6. 撤下弯盘，用治疗巾擦拭耳垂下皮肤。

【注意事项】

1. 冲洗所用生理盐水不可过冷或过热，以免刺激内耳引起眩晕。

2. 注射器针尖要去除，针头与注射器乳头固定要牢，防止针头在冲洗时被水流冲入外耳道。

3. 冲洗方向应斜对外耳道后上壁，不可直接对鼓膜，易损伤鼓膜；亦不可直对耵聍或异物冲洗，以免将之冲入深部。

4. 已知有鼓膜穿孔或中耳流脓史者忌用，有鼓膜及外耳道炎症者慎用。

外耳道滴药法

【目的】

1. 治疗外耳道炎及中耳炎。

2. 软化耵聍。

3. 麻醉或杀死外耳道昆虫类异物。

【用物】

滴管、滴耳药。

【操作程序】

1. 协助患者头倾向健侧或向健侧卧位。

2. 操作者一手向后上方轻拉耳郭，另一手向外耳道内滴入药液3～5滴。

3. 有鼓膜穿孔者可用手指按压耳屏数次，嘱患者保持原头位5～10min，以利于药物充分发挥作用。如咽鼓管通畅，压迫耳屏时药液可通过咽鼓管流入咽部。

4. 如遇耵聍栓塞，可直接滴入药液，每次药量不可过多（以不溢出外耳道口为宜），每日5～6次，3d后做外耳道冲洗或取出。

5. 遇外耳道昆虫类异物，可滴入乙醚、酒精或氯仿（有鼓膜穿孔者不用）使其麻醉，或滴入植物油使其窒息，然后冲出或取出。

【注意事项】

1. 药液温度须与体温相近，过冷时宜稍加温，以免药液滴入后出现前庭反应。

2. 滴管或滴耳药瓶口不可触及外耳道壁，以免污染。

3. 告诉患者或家属正确的滴药法，以便能自行滴用。

鼻腔滴药法

【目的】

收缩或湿润鼻腔黏膜，用于检查或治疗鼻腔、鼻窦或中耳的疾病。

【用物】

滴鼻液、滴管或喷雾器、消毒棉球数个。

【操作程序】

1. 仪表端庄，衣帽整洁。

2. 根据医嘱及病情需要执行操作，进行查对。

3. 对初诊患者，需做好解释，说明鼻腔滴药的目的、方法和作用，以取得患者合作。

4. 体位：仰卧垂头位，适用于后组鼻窦炎患者。仰卧，肩下垫枕（或坐位，紧靠椅背），颈伸直，头后仰，颏尖朝上，使颏隆突与外耳道口的连线与地面垂直；仰头位，适用于前组鼻窦炎患者。患侧朝下，肩下垫枕，头略下垂。

5. 步骤：每侧鼻腔滴药 3 ~ 4 滴，用棉球轻按鼻翼，保持原位，2 ~ 3min 后起床。

【注意事项】

1. 体位正确，滴药时勿吞咽，以免药液进入咽部。

2. 滴鼻时，滴瓶应置于鼻孔上方，勿触及鼻孔，以免污染药液。

3. 应教会患者或家属，使其能在家中自行滴药。

鼻腔冲洗法

【目的】

便于护理人员尽快掌握鼻腔冲洗法。

【用物】

盥洗桶、鼻腔冲洗器、受水面盆、温生理盐水300~500ml。

【操作程序】

1. 仪表端庄，衣帽整洁。

2. 根据医嘱及病情需要执行操作，进行查对。

3. 对初诊患者，需做好解释，说明鼻腔滴药的目的、方法和作用，以取得患者合作。

4. 患者取坐位，头略偏斜并向前倾，受水面盆置于头下。

5. 患者用手将鼻腔冲洗器的橄榄头紧塞于前鼻孔，另一端置于温生理盐水中，操作者放松夹子，嘱患者张口呼吸。

6. 生理盐水注入鼻腔，由另一侧鼻腔（部分流入咽部，吐出即可）流出，可将鼻腔内分泌物、痂皮等随水冲出。

7. 两侧鼻腔交替进行。

8. 洗毕，头向前倾，让鼻腔内残余盐水排出，然后一侧一侧分别轻轻擤鼻，以助排净。

【注意事项】

1. 鼻腔有急性炎症时禁用，以免炎症扩散。

2. 盥洗桶应挂在与患者头顶等高位置，不能过高，以免压力过大，水将灌入咽鼓管内，导致中耳感染。此外，嘱患者在冲洗过程中勿做吞咽动作，防止引起中耳炎。

3. 水温需接近体温，不能太热或太冷。

4. 冲洗应先从阻塞较重侧开始，再冲洗对侧，否则，冲洗盐水可因阻塞较重一侧鼻腔受阻而灌入咽鼓管。

5. 冲洗时，勿与患者交谈以免引起呛咳。若冲洗时患者出现咳嗽、呕吐、打喷嚏等不适现象，应立即停止，稍待片刻后再冲洗。

6. 洗毕，擤鼻切忌过猛，或同时紧捏两侧鼻孔用力擤鼻而导致中耳感染。

7. 冲洗器应 2～3 周换 1 个，防止细菌、真菌滋生。

上颌窦穿刺冲洗法

在鼻旁窦炎中，上颌窦炎最多见，这与其位置较低、引流不畅有关，有时是上颌磨牙根尖向上颌窦内扩展所致。治疗常采用物理治疗及上颌窦穿刺法。一般宜在全身症状消退及局部炎症基本消退后施行，具有诊断和治疗意义。

【目的】

用于治疗慢性化脓性上颌窦炎和诊断上颌窦疾患。

【用物】

前鼻镜、棉签或卷棉子、上颌窦穿刺针、橡皮管及接头、20～50ml 注射器、治疗碗及弯盘、1% 麻黄碱生理盐水、500～1000ml 温生理盐水、1% 丁卡因棉条及治疗用药。

【操作程序】

1. 麻醉：用 1% 丁卡因加麻黄碱棉片放置下鼻道 10min，使下鼻道黏膜收缩。

2. 穿刺：用前鼻镜撑开鼻孔，手握穿刺针柄，针头斜面向鼻中隔，伸入下鼻道距下鼻甲前端约 1.5cm 处，固定穿刺针头。针头指向同侧外耳道上缘或外眼角部位，并将小指及无名指靠在患者面颊部，控制刺入深度，轻轻旋转刺入上颌窦，有一个落空感，然后抽出针芯，用注射器回抽检查有无空气抽出，以确定针尖是否在窦腔内，再缓缓注入生理盐水，勿注入空气，连续冲洗，直到干净为止。冲洗干净后，注入抗感染药物，拔时放入针芯，轻轻拔出穿刺针，在下鼻道放入棉片止血，并根据穿刺冲洗情况记录在病历本上。

【注意事项】

1. 适用于 8 岁以上儿童及成人，高血压病、血液病及急性炎症期患者，禁忌穿刺。

2. 穿刺部位、方向要准确，以免刺入邻近器官组织。

3. 上颌窦内不宜注入空气，冲洗时不可用力过大，以免发生气栓。

4. 如冲洗不畅，不应勉强冲洗，应改变进针部位、方向及深度，如仍有阻力，应停止冲洗。

5. 穿刺过程中，若患者发生昏厥等意外情况，应停止穿刺，去枕平卧，密切观察生命体征，根据患者情况给予必要的处理。

6. 穿刺后嘱患者在治疗室休息片刻，若出血不止，可用0.1%肾上腺素棉片紧填下鼻道止血，并告知患者3～5d内擤鼻涕时带有少量血液为正常现象，出血较多及时到医院处理。

鼻窦负压置换疗法

【目的】

经吸引使鼻窦腔内形成负压，将药液引入鼻窦，治疗慢性化脓性全组鼻窦炎。

【用物】

1. 吸引器。

2. 带橡皮橄榄头或波氏球。

3. 治疗碗。

4. 1%麻黄碱、生理盐水及其他治疗药物如抗生素、糖皮质激素等。

【操作程序】

1. 患者准备：擤净鼻涕，取去枕仰卧位，肩下垫枕使下颌颏部与外耳道成一垂直线。

2. 两侧鼻孔各滴1%麻黄碱3～5滴，收缩鼻腔黏膜。5min后将抗生素、糖皮质激素等治疗药物混合液2～3ml注入鼻腔。

3. 将与吸引器相连的橄榄头或预先已排气的波氏球塞入治疗侧前鼻孔，并令患者连续发“开、开、开”音，同步开动吸

引器或放松波氏球。每次持续 1 ~ 2s，重复 6 ~ 8 次。同法交替两侧鼻腔滴药、吸引。

【注意事项】

1. 压力不宜过大（一般为 20 ~ 40kPa）

2. 负压吸引时间不宜过长，以免引起真空性头痛。

3. 急性鼻炎、急性鼻窦炎、鼻出血、鼻部手术后伤口未愈、高血压患者不宜使用此方法。

气管切开术

【目的】

1. 解除咽部阻塞、喉阻塞引起的呼吸困难。

2. 治疗下呼吸道分泌物潴留引起的呼吸困难。

3. 其他手术的前置手术，如施行下颌、口腔、咽喉部大手术时，为防止血液、分泌物、呕吐物下流，或术后局部软组织肿胀阻碍呼吸，可先行气管切开术。

4. 较大的气管异物取出时，可做气管切开术。

【用物】

1. 备好氧气、吸痰器、气管内麻醉插管、麻醉喉镜及抢救药物。

2. 常规消毒用物如 2% 碘酊、75% 酒精。

3. 气管切开包（内置刀柄 2 把，刀片 2 个，弯剪刀 1 把，直剪刀 1 把，敷料镊 1 把，组织镊 1 把，气管切口扩张器成人、儿童用者各 1 个，气管拉钩 1 付，双齿或 3 齿钝拉钩大钩、小钩各 1 付，甲状腺拉钩 1 付，血管钳弯钳、直钳各 4 付，持针钳 1 把，帕巾钳 4 把，短金属吸引头 1 个，橡皮导尿管 10、12 号各 1 根，气管套管 0 ~ 6 号各 1 个，注射器 1 支，以及缝线、无菌巾、纱布数块、无菌手套等）。

【操作程序】

1. 术前准备

（1）向患者及家属说明气管切开的目的，征得其同意并签字，以配合治疗及护理。

（2）协助患者取仰卧位，头向后伸，肩部垫高，下颌、喉结、胸骨上切迹三点成一直线。

（3）常规消毒手术区皮肤，戴无菌手套，铺洞巾，2%利多卡因局部浸润麻醉。

（4）做颈前切口，有纵切口和横切口两种，分离颈前组织，牵开或切断甲状腺峡部，切开气管，安放气管套管，固定套管及缝合切口。

2. 术后护理

（1）做好心理护理，详细向患者讲解气管切开术后注意事项，消除患者恐惧及顾虑，以更好地配合治疗及护理，嘱患者切不可自行拔管。

（2）专人护理，床旁常规备氧气、吸痰器及气管切开包。

（3）及时吸出气管内痰液，保持呼吸道通畅。每次吸痰时间不超过15s。

（4）密切观察患者呼吸，观察有无皮下气肿及脱管的发生。

（5）帮助患者取坐位或半卧位，以利呼吸和排痰。

（6）定时向气管内滴入药物及雾化吸入以稀释痰液、防止干燥、软化痂皮。常用药物有：生理盐水20ml加入5%碳酸氢钠10ml、庆大霉素4万U、α－糜蛋白酶4000U、地塞米松5mg等。

（7）内套管应每日清洗并煮沸消毒每4h 1次，吸痰管每日更换3次。喉垫每日更换，如被血液、痰液污染应及时更换。

（8）室内温度保持在18～20℃，相对湿度保持在70%以上。保持室内空气新鲜。

（9）术后禁用吗啡、可待因等镇咳剂和麻醉剂。

（10）术后可鼻饲混合奶或给半流食每日2000ml。

（11）呼吸困难解除后，可试堵管，堵管24～48h一切正常且睡眠安静可拔管，继续观察1～2d，伤口处以蝶形胶布拉紧皮肤，盖以无菌敷料即可。

（12）需长期戴管或暂不能拔管者，出院时应向患者家属交代以下几点：①内管拔出和放入法及清洗煮沸消毒法。②喉垫更换法。③气管内滴药法。④观察要点。

【注意事项】

婴幼儿、呼吸困难严重、烦躁不安者，或颈前有较大肿块压迫者，可先行气管内插管再做气管切开术。术中注意气管切口大小要与气管套管相适应，气管切口要正，术中止血彻底。

1. 注意观察患者伤口出血的量、性质、颜色，出现异常及时报告医生并协助处理。

2. 密切观察各种术后并发症的发生，如伤口出血、套管脱出、皮下气肿、纵隔气肿、气胸、急性肺水肿、呼吸骤停、气管食管瘘的发生。

咽鼓管吹张法

【目的】

1. 用于检查咽鼓管是否通畅。

2. 用于治疗咽鼓管功能不良和/或分泌性中耳炎。

【用物】

1. 鼻镜、波氏球、喉头喷雾器或喷枪2个、咽鼓管导管、橡皮球、听诊管。

2. 药品：1%麻黄碱、1%丁卡因。

【操作程序】

1. 操作前准备

（1）操作前向患者说明咽鼓管吹张的目的和注意事项。

（2）患者与操作者对坐，相距30cm，将听诊管一端置于患者患侧外耳道，一端置于操作者耳内。

2. 操作方法

波氏球吹张法：

（1）患者含一口水勿咽下。

（2）操作者将波氏球的橄榄头塞入患者患侧前鼻孔，另一侧鼻孔用手指压紧，当患者吞咽水时软腭上举，鼻咽腔关闭，咽鼓管开放的瞬间，操作者迅速捏波氏球，将气流压入咽鼓管达鼓室。

（3）若咽鼓管功能正常，从波氏球内压入鼻腔的空气可经咽鼓管逸入鼓室，患者感到耳内有轰响声，同时有胀满感，操作者用听诊管可听到鼓膜振动声。

导管吹张法：

（1）操作前清除鼻腔分泌物后鼻腔喷入1%麻黄碱及1%丁卡因收缩、麻醉鼻腔黏膜。

（2）操作者持咽鼓管导管弯头向下沿患侧鼻底缓缓伸入鼻咽部，然后将弯头向患侧旋转90°，缓缓拉出少许，导管前端即越过咽鼓管圆枕，滑入咽鼓管咽口。

（3）操作者左手固定吹张导管，右手用橡皮球对准导管末端开口向内打气，同时经听诊管听诊，判断咽鼓管是否通畅。

（4）咽鼓管通畅者，可闻及轻柔的吹风声和鼓膜振动音；若咽鼓管狭窄，可听到断续的“吱吱”声或尖锐的吹风声；若咽鼓管完全阻塞或导管未插入咽鼓管口内，则无声音可闻；鼓室内积液时可听到水泡声。

（5）吹张完毕，将导管轻轻退出。

【注意事项】

1. 导管法吹张时，导管插入或退出时动作要轻柔，切忌用力过猛，以免损伤鼻腔及咽鼓管咽口黏膜。

2. 吹气时用力要适当，用力过猛可致鼓膜穿孔。

3. 上呼吸道急性炎症，鼻腔或鼻咽部有脓液、肿瘤、溃疡、出血时忌用此法。

鼓膜穿刺法

【目的】

1. 清除中耳积液，改善中耳通气引流，治疗分泌性中耳炎。

2. 鼓室内注射药物，辅助治疗。

【用物】

1. 消毒用品：75% 酒精。

2. 卷棉子、治疗盘、膝状镊、2ml 注射器、7 号长针头、耳镜、干棉球。

3. 药品：1% 丁卡因、糖皮质激素、α－糜蛋白酶、抗生素。

【操作程序】

1. 术前准备

（1）熟悉病历中医嘱内容、目的及病历中其他各项检查结果。

（2）详细询问过敏史，讲解治疗目的、过程、费用。

（3）使患者了解穿刺可能发生的并发症（感染、鼓膜穿孔、眩晕）。

（4）协助患者取侧坐位，固定头部。

2. 操作方法

（1）查对穿刺侧别。

（2）持卷棉子蘸 75% 酒精消毒外耳道皮肤及鼓膜表面。

（3）用小棉片蘸 1% 丁卡因贴在鼓膜表面，约 10min 后用膝状镊取出。

（4）左手置入耳镜并固定，右手持 2ml 注射器接 7 号长针头，在鼓膜紧张部前下方刺入鼓室，固定针头，用注射器抽吸鼓室内液体。

（5）抽液后可通过穿刺针注入糖皮质激素类药、α－糜蛋白酶进行局部治疗。

（6）抽出液体后按需要送常规检查、细菌培养等。

（7）穿刺拔针后，外耳道口堵以无菌干棉球，防止继发感染。

（8）操作后在病历中详细记录抽出物的性状、颜色、量。

【注意事项】

1. 操作者必须在无菌条件下进行。

2. 穿刺时，针头勿刺入过深，以免误伤鼓室黏膜。

3. 刺入鼓室后，一定要固定好针头，以防抽液时针头顺势脱出而误判为鼓室无积液。

4. 穿刺过程中密切注意患者的面色及表情，若有面色苍白、眩晕、休克征象，立即停止操作，卧床休息。

5. 穿刺后嘱患者1周内患耳勿进水、勿点药，防止中耳感染，造成鼓膜穿孔不愈。

咽喉喷药法

【目的】

1. 治疗咽喉部病变。

2. 咽喉黏膜表面麻醉。

【用物】

1. 额镜、压舌板、纱布、喷雾器。

2. 药品：相关药物（按医嘱准备药液）。

【操作程序】

1. 患者取坐位。

2. 口咽部喷药时，嘱患者张口发“啊”音，或用压舌板压低舌前2/3，然后将药喷入咽部。

3. 鼻咽部喷药时，嘱患者张口，用压舌板压低舌前2/3，将喷雾器喷头转向上方，放置于软腭后方，然后挤压喷雾器橡皮球，将药液喷入鼻咽部。

4. 咽喉部喷药时，嘱患者张口伸舌，发“咿”音。操作者将喷雾器的头端放在悬雍垂的下方，喷雾器头转向下方，此时挤压橡皮球，将药液呈雾状喷洒于咽喉部。

【注意事项】

1. 压舌板不能刺激舌根部，喷雾器头不能触碰咽壁软腭和悬雍垂，以免引起恶心和呕吐。

2. 喷雾器的头端应能转动，以适应向各个方向喷洒。

3. 喷药后嘱患者不宜立即进食或漱口。

4. 行黏膜表面麻醉时，麻醉药不能过量，以防中毒。

5. 喷雾器喷头在使用前后均应消毒。

咽部涂药法

【目的】

治疗咽部疾病，滋润黏膜，消炎收敛。

【用物】

1. 额镜、立灯、压舌板、咽喉卷棉子或长棉签。

2. 药品：相关用药（20%硝酸银、2%碘甘油、冰硼散等）。

【操作程序】

1. 患者取坐位，张口。

2. 用压舌板压低舌一侧或正中压低舌前2/3，充分暴露咽部。

3. 用长棉签或卷棉子将药液直接涂布于病变处。

【注意事项】

1. 涂药前向患者做好解释工作，取得配合。

2. 涂药时，棉签上的棉花应缠紧，以免脱落后落入喉和气道而发生危险。

3. 所蘸药液如系腐蚀性药物不宜过多过湿，以免流入喉部造成黏膜损伤甚至喉痉挛。

4. 嘱患者涂药后尽可能暂不吞咽，也不要立即咳出。

5. 长期或需反复用药者应教会患者或家属在家自行用药。

蒸汽吸入法

【目的】

治疗鼻、咽、喉部疾病及鼻腔干燥者。

【用物】

1. 小毛巾、热水杯或蒸汽吸入器、注射器。

2. 药品：相关药物（复方安息香酊、抗生素、薄荷醋等）。

【操作程序】

1. 患者取坐位。

2. 将药置入杯内热水中或蒸汽吸入器，加热后使药液喷出。

3. 请患者将鼻口对准（喷气管口）气流，用力吸气将药液吸入，每次按规定吸完药量。治疗时间每次 20～30min。

【注意事项】

1. 蒸汽的温度不可太高，以免烫伤。

2. 检查吸入器是否能正常使用。

3. 治疗结束后，擦干鼻面部，休息片刻后再离开。

超声雾化吸入法

【目的】

1. 治疗鼻部、咽部、喉部、气道及肺部疾病，使药液直接作用于咽喉黏膜上，用于消炎祛痰，稀释痰液，湿化气道，减轻咳嗽。

2. 内镜检查前喷布表面麻醉药。

3. 解除支气管痉挛，改善通气功能，预防呼吸道感染。

4. 应用抗癌药物治疗肺癌。

【用物】

1. 超声雾化机、水温计、毛巾或治疗巾。

2. 药品：相关药物（地塞米松、α－糜蛋白酶、抗生素、蒸馏水）。

【操作程序】

1. 检查超声雾化器部件是否完好。

2. 槽内放入蒸馏水 250ml，浸没罐底雾化膜，雾化罐内加入所需药液 30～50ml。

3. 操作前“三查七对”，向患者解释治疗目的，取得配合。

4. 患者颌下放置治疗巾或毛巾。

5. 先打开电源开关，然后再打开雾化开关。

6. 调节雾量，治疗时间 20～30min。

7. 将面罩罩住患者口鼻部，指导患者做深呼吸。

8. 治疗完毕，擦干面部和颈部，整理用物。

9. 先关雾化开关，后关电源开关。

【注意事项】

1. 使用雾化器前检查各部分有无异常，注意仪器的保养。

2. 水槽内须保持有足够的冷水，雾化罐内无液体时不能开机。

3. 水槽和雾化罐内切忌加热水，水温超过 60℃应停机换冷蒸馏水。

4. 患者治疗前胸前围治疗巾，以免喷湿衣服。

5. 气管切开的患者应从套管口吸入。

氧气雾化吸入法

【目的】

1. 治疗呼吸道感染，消炎，减轻呼吸道黏膜水肿，化痰，减轻咳嗽。

2. 解除支气管痉挛，改善通气功能。

【用物】

1. 氧气吸入装置1套、氧气雾化吸入装置1套、注射器、治疗巾或毛巾。

2. 药品：按医嘱准备药液、生理盐水。

【操作程序】

1. 用生理盐水稀释药液至所需量，注入雾化器内。操作前“三查七对”，并做解释。

2. 将雾化吸入装置与氧气吸入装置连接。

3. 患者颌下放置治疗巾或毛巾。

4. 调节氧流量6～10L/min，氧气面罩对准患者口鼻，嘱患者张口均匀深呼吸。治疗时间一般为20～30min。

5. 治疗完毕，关闭氧气，清理用物。

【注意事项】

1. 药液必须浸没药壶底部，氧气流量不可太小，否则药液不能喷出。

2. 指导患者深呼吸，使药液充分吸入。

3. 操作中避开烟火及易燃物，注意用氧安全。

4. 如果为口含雾化器，吸入时喷管口应放在舌根部，尽可能深长吸气，以达疗效。

第三章　口腔科常用护理技术操作规程

气管插管术

【目的】

舌癌、颊癌、牙龈癌等患者如肿瘤位置偏后或上下颌骨切除者，由于口腔内创口大、渗出多，同时手术切除组织后，可有舌后坠，再加上局部组织肿胀，患者吞咽困难，患者麻醉后意识不清，带有气管插管可很好地预防并避免患者窒息的危险。

【用物】

1. 吸氧装置：吸氧管及面罩1套。

2. 吸痰装置：一次性吸痰管（长度比气管导管长4～5cm，直径小于导管内径的1/2），生理盐水，气管内滴药20ml注射器或微量泵及延长管。

3. 监护仪。

【操作程序】

1. 先吸口咽部分，更换吸痰管，将其缓缓送至气管插管的远端和支气管内，以伸入气管导管下方1～2cm为宜。吸痰前后可吸引生理盐水，以冲洗管道，避免吸痰不畅，吸痰前可向插管内滴入生理盐水（或药液）3～5ml，叩背，使痰液化、松动，易于吸出，同时吸痰前应充分吸氧，观察血氧饱和度变化。

2. 气管套囊定时放气、充气，气囊每次充气5ml，每4h放气1次，5～10min后充气，以保证气囊压迫处气管黏膜的血供，防止黏膜受压，放气前应常规吸口咽分泌物。为了保证气道的湿化，口腔科还采用微量泵持续向气管插管内泵入生理盐水（或药液）的方法，6～10ml/h。

3. 口腔颌面部手术术后插管时间一般不会太长，约24h内或术后患者完全清醒后几小时内拔管，拔管前吸净口腔、鼻腔及气管内分泌物，必须放尽气囊内气体，拔管后将患者头偏向一侧，嘱其用力咳嗽并继续吸尽口内、咽腔分泌物，以防误入气管。

4. 插管时间不宜过长，超过72h病情未见改善者，应考虑气管切开。

操作过程中，注意观察血氧饱和度的变化，并严密观察面色、意识、心率、心律变化。

口腔冲洗法

【目的】

1. 保持口腔清洁，预防口内伤口感染。

2. 口腔冲洗后，局部上药，治疗口内疾病。

【用物】

1. 20ml注射器、圆头或弯的针头、弯盘、治疗碗、手电、治疗巾。

2. 药品：1%～1.5%过氧化氢、生理盐水。

【操作程序】

1. 洗手、戴口罩，备齐用物，携至患者床边，向患者说明冲洗的目的和注意事项，取得患者合作。

2. 协助患者取坐位或平卧位，半卧位者头偏一侧，颌下围治疗巾。

3. 先用手电筒观察一下口内伤口情况，做出正确评估，然后用20ml注射器抽吸1%～1.5%的过氧化氢液冲洗口腔，使局部分泌物或残渣产生泡沫而脱落，再用生理盐水冲洗干净，动作要轻，防止碰伤创口，边冲洗边用吸引器吸出，并防止外用液流入胃内，损伤胃黏膜。对于能自行吐出口内分泌物的患者，可将弯盘置于患者颌下，嘱其将冲洗液自行吐出。

4. 冲洗过程中，还要用手电观察一下口内，及时查找未冲洗到的部位，确保口腔清洁。

5. 冲洗完毕，撤去治疗巾，协助患者平卧位或半卧位，观察呼吸、脉搏情况，无异常方可离去。

【注意事项】

1. 冲洗过程中，要及时吸出冲洗液，防止冲洗液流入胃内损伤胃黏膜。

2. 冲洗时动作要轻柔，避免针头损伤伤口。

3. 冲洗要彻底，需将伤口渗血及口内分泌物冲洗干净，保证口腔清洁，预防感染。

4. 患者体位要正确，尽量避免污染伤口敷料。

玻璃离子体黏固粉调拌法

【目的】

1. 用于窝洞的充填、垫底，黏接修复体材料。

2. 处理牙本质过敏。

【用物】

1. 清洁干燥的调拌刀及调拌板。

2. 玻璃离子体黏固粉及液。

3. 酒精棉球若干个。

【操作程序】

1. 查对物品。

2. 根据所需取适量粉末和液体，分别置于清洁而干燥的调拌板上。

3. 左手固定调拌板，右手持调拌刀，平放在调拌板上。将粉末分为若干份逐次加入到液体中，顺一个方向旋转调和。当一份粉液调匀后再加下一份，直至调成面团状即可充填。调和的粉液比例为3∶1。

4. 充填完毕后，用酒精棉球将调拌板及调拌刀擦净消毒后备用。

【注意事项】

1. 调和时只能将粉逐次加入液中，而不能加液于粉中。

3. 调和时要掌握速度，需在1min内完成。

氧化锌丁香油黏固粉调拌法（丁氧膏）

【目的】

1. 常用于窝洞的暂时封固及深龋垫底。

2. 糊剂可直接作根管充填剂。

【用物】

1. 清洁干燥调拌板和不锈钢调拌刀。

2. 氧化锌丁香油黏固粉剂及液体。

3. 酒精棉球若干个。

【操作程序】

1. 查对物品。

2. 根据需要取适量粉末和液体，分别置于清洁干燥调拌板上，调和比例：液0.5ml，粉1.5~1.8g。

3. 将粉末大致分成三等份调和。首次为全部粉末的2/4，第二次为1/4，第三次为剩余的1/4。用不锈钢调拌刀将粉末逐份加入丁香油液体中，左手握调拌板，右手持调拌刀，平放于玻璃板上顺一个方向旋转调和，使粉液调匀至所需稠度为止。

4. 调好后用调拌刀将板上散开的黏固粉糊剂收集在一起

备用。

5. 操作完成后用酒精棉球将调拌板及调拌刀擦净消毒后备用。

【注意事项】

调拌板和调拌刀保持清洁干燥。

磷酸锌黏固粉调拌法

【目的】

1. 用于暂时充填、深洞的间接及中等窝洞的直接垫底。

2. 黏固固定的修复体，如嵌体、冠桥、桩冠及支架等。

【用物】

1. 清洁干燥的调拌板及不锈钢调拌刀。

2. 磷酸锌黏固粉及液体。

3. 酒精棉球若干个。

【操作程序】

1. 查对物品。

2. 取适量粉末和液体分别置于清洁干燥的调拌板上，左手持调拌板，右手持调拌刀，将粉末逐次加入液体中，用旋转推开法调拌。在 30～60s 内完成，递给医生。但调拌速度不宜太快。作为窝洞垫底用，可调制成面团状；作暂时充填用，调制成稠糊状；作黏结剂用，调制成糊状，也可调成丝状。

3. 整理物品，用酒精棉球将调和用具擦净后消毒备用。

【注意事项】

1. 调和时注意粉液比例，粉末过多，调得太干，不宜加液体调和使用。

2. 取粉、液后，将瓶盖盖好，以免液体蒸发。

银汞合金调拌法

【目的】

用于龋病、牙髓病、根尖周病治疗后的窝洞充填。

【用物】

1. 银汞合金胶囊。

2. 电动银汞调和器。

【操作程序】

1. 取下银汞调和器上的外盖，将银汞胶囊直接放在调合器的夹子上。

2. 加盖密闭。

3. 调节调拌时间及震荡速度。

4. 接通电源插头，打开电源开关，调和器开始振荡调和。

5. 调和完毕后，取下胶囊，将胶囊打开，倒出调制好的银汞合金于橡皮布上备用。

6. 关掉电源开关。

【注意事项】

1. 使用前将多余的汞挤出，被挤出的汞或充填时多余的银汞合金必须放在一盛有盐水或甘油的容器内以防汞蒸发。

2. 操作时应戴口罩和工作帽，挤压银汞时戴指套，用橡皮布揉搓挤压银汞合金，避免皮肤直接接触。

光固化树脂修复术

【目的】

修复缺损的牙齿。

【用物】

一次性口腔器械盒、一次性口杯、抛光钻、光固化树脂材料、免酸蚀黏结剂、光固化防护眼镜、光固化灯。

【操作程序】

1. 打开一次性口腔器械盒，取出围巾给患者围好。

2. 将免酸蚀黏结剂 A 液与 B 液各一滴挤入小容器内并盖好。

3. 将光固化树脂材料备好。

4. 医生在操作的过程中，护士在一旁吸唾液，协助医生完成治疗。

5. 光敏照射之前给医生戴好防护眼镜，嘱患者闭眼。

6. 照射完毕，向患者讲清注意事项。

7. 整理用物。

【注意事项】

1. 检查物品准备是否齐全，电源设备是否完好。

2. 治疗结束后，嘱患者 24h 内避免用被修复牙咬硬东西。

第三篇

Y 眼、耳鼻喉、口腔科常用仪器的使用

AN ERBIHOU KOUQIANGKE CHANGYONG YIQI DE SHIYONG

压陷眼压计的使用

【目的】

以 Schiotz（修兹眼压计）为代表。即根据压针压陷角膜的程度来测定眼压高低，对青光眼诊断极为重要。

【操作步骤】

1. 物品准备：修兹眼压计、0.1% ~0.2% 丁卡因溶液、75%酒精及消毒棉球、抗生素眼药水。

2. 操作方法

（1）眼压检查前先在试板上测试眼压计，压针与圆柱间不可有摩擦阻力，压针应灵敏地指压“0”位。

（2）眼压计消毒，每次使用前用 75% 酒精棉球擦脚板及压针的底部，待酒精完全挥发后方可使用，以免损伤角膜。

（3）患者取仰卧位，0.1% 丁卡因进行角膜表面麻醉。

（4）嘱患者双眼向上直视固视一个目标，检查者用左手拇指与食指轻轻分开患者上下眼睑，右手持眼压计放在角膜中央，以脚板和角膜密切接触，持柄落在圆柱中央为度。

（5）开始用 5.5g 砝码测量，眼压计指针所指刻度在 3 ~7 刻度范围内为宜。若读数小于 3 应更换 7.5g 砝码，若读数仍小于 3 则更换 10.0g 砝码，若读数还小于 3 则应更换 15.0g 砝码。最后以刻度值对照核算表得出眼压数值并做记录。记录方式：砝码/刻度读数 = mmHg。

【注意事项】

1. 分开患者眼睑时，动作要轻，应将眼睑固定于眶缘，不可对眼球施加压力。

2. 眼压计使用前后均须消毒，可用75%酒精擦拭脚板及圆柱下端，再用消毒棉球擦干备用。

3. 测量时眼压计必须垂直，脚板要落在角膜中央，不可将眼压计突然用力放在角膜上。

4. 连续测量一般不超过3次，以免出现误差。

非接触式眼压计的使用

非接触式眼压计（NCT）的设计原理是利用一种可控的空气脉冲，其压力具有线性增加的特性，使通过气体脉冲力将气体喷射到角膜中央的表面，使角膜变形成3.6mm直径圆形平面时，经角膜射入的光线经反射后有足够强的光线进入观测器为止，借助仪器的微电脑，将所得数据加以处理，直接测出眼压数值。

NCT通常由三部分组成。

（1）瞄准系统：有内注视目标装置，为患者提供注视，并附矫正镜片，使其能看到清晰的目标，对于固视非常差者提供外部的固视光源。

（2）光—电子的压平监测系统：即光电管接收装置，由3部分组成。①发射器：在角膜顶部可发出瞄准光束。②接收器。③侦察器：仅能接收从角膜发射的平行、同轴光线。静止状态下角膜仅反射极少光线进入接收装置。当角膜受喷射空气加压后，角膜曲率逐渐降低时，大量光线可被接收，这一变化在角膜压平的瞬间监测光线达到最大。

（3）气动系统：当角膜图像调至正确位置时，由检查者操作启动装置以发出喷射空气，射至角膜顶部。气流力量随时间延长呈线性增加，以使角膜逐渐被压平，甚至在角膜恢复正常曲率前产生轻度凹陷。计算压平所需的时间，因时间长度与眼压值呈正相关，可测得眼压值。

【目的】

1. 适用于成人及儿童，以及对表面麻醉剂有反应者。

2. 眼压计不接触角膜，对角膜上皮损伤者适用，且不引起接触传染。

3. 操作简单，容易掌握，方便使用，非医务人员经过培训后可进行操作。

【操作步骤】

1. 物品准备：非接触眼压计 1 台、操作者与被检者各 1 把椅凳、电源插座 1 个。

2. 操作方法

（1）首先检查 NCT 各部分是否处于完好状态，电源开关处于关闭状态，将电源插头插入 220V 电网电源插座，打开电源开关。

（2）嘱患者坐在椅凳上，下颌紧靠在颌托上，前额紧贴额托，勿晃动。

（3）嘱患者固视反射镜系统，保证受检眼固视红色目标，保证气流激光束冲击角膜光学中心，使气流压在角膜中央呈适度平面。

（4）自动出测量数值，如觉得不准确可重新再测。

（5）先测右眼再测左眼。

（6）测量完毕关闭眼压计开关。

【注意事项】

1. 开机前一定要检测电源插头是否良好。

2. 嘱患者两眼向前固视不要转动眼球。

3. 高度散光、角膜浑浊以及固视不良者不宜用非接触眼压计。

激光治疗仪的使用

【目的】

1. 利用激光穿透力强，将激光能量输入人体深部组织，对机体产生弱激光的刺激效应，作用于病灶部位，改善局部血液循环，从而消除组织水肿，加速炎性渗出物和毒素的排泄，以达到消炎止痛的目的。

2. 激光照射伤口，可加快成纤维细胞增殖、上皮细胞及新生血管再生，有利于伤口愈合，加速骨痂形成及受损神经组织的恢复。

3. 提高白细胞的吞噬能力，增加血清溶酶体、免疫球蛋白和补体滴度，使淋巴细胞分化加快、抗体产生增加，从而提高免疫功能。

【操作步骤】

1. 物品准备：多功能电源插座、治疗床、激光防护镜、半导体激光治疗仪。

2. 操作方法

（1）首先检查治疗仪机箱上的红色“紧急开关（紧急激光终止）”按钮是否处于弹起位置，如未处于弹起位置，需向右旋转90°使之处于弹起位置。将治疗仪电源插头插入220V电网电源50Hz标准三孔插座内。

（2）用钥匙打开“钥匙开关总电源”，黄色指示灯亮。

（3）调节面板上的“定时选择”键，分别按动每位数字上下的“+”、“-”键即可设定照射时间。选定治疗时间后，按动“定时复位键”。

（4）根据临床情况选定所需要的照射功率值。按动面板上功率调节键1、2、3，激光功率显示器显示所设定的不同激光输出功率值。

（5）扳动支架，调节激光端口到治疗部位合适距离，选定合适的光斑，即可进行照射治疗。

（6）打开“待机/准备”按键，按键上绿色指示灯亮。

（7）待延时 2s 后，按动“激光启动”键，面板上数字灯亮，激光输出。

（8）计时器工作到设定时间，机内发出报警声，激光停止输出，治疗完成。

（9）关闭“待机/准备”按键，再关闭钥匙开关总电源，切除连机电网电源。

【注意事项】

1. 激光束禁止直接照射眼睛，使用时应戴防护镜。眼睛危害距离 0.5m，最长观察时间 10s。

2. 激光治疗仪禁用于局部性角化过度、萎缩性鼻炎、癌病变。

3. 激光光纤为精密光学件，易损坏，切勿将光纤折成 90°，勿牵拉光纤。

4. 工作中需要紧急关闭电源时，将“紧急开关”的红色按钮按下即可。恢复工作时将“紧急开关”按钮向右旋转 90°使之处于弹起位置即可。

5. 当治疗仪在工作中发生断电现象时，如短时恢复了供电，且各按钮保持原状，则应按动“激光启动”键，激光才能再次输出。

6. 激光治疗仪避免在含有可燃性麻醉气体的环境中使用。

7. 激光治疗仪清洁后应充分晾干后方可通电使用。

诊查治疗综合工作台的使用

【目的】

将常用器械、基本设备集中于一体，提高工作效率，快捷准确地为患者服务。

【操作步骤】

1. 物品准备

（1）耳鼻喉综合治疗台、插座、椅子。

（2）药品：1% 丁卡因、1% 麻黄碱、清水、温水、消毒液100ml（如 CLB 消毒液或甲酚水等）。

2. 操作方法

（1）接通电源（220V），打开总开关，同时开关灯亮起。

（2）喷雾：喷枪开关自动打开，用手指压住喷雾开关，药液将喷出。左右旋转前面控制钮，达到所要求的喷雾压力；向右旋转，压力增高，向左旋转，压力降低。用后喷枪放回原处，开关自动关闭。

（3）负压吸引：抬起负压离合器，开关自动打开，负压表指针移动，调整所需压力。

（4）吹气：可通过旋钮调节压力，用于咽鼓管吹气和外耳道的分泌物、脓血和上颌窦的冲洗。

（5）分别用手指轻压按下聚光斑照明灯按钮、冷光源按钮、自感应加温按钮、阅片灯按钮即可提供检查光源、间接鼻咽镜和间接喉镜的加温预热，观看 X 线、CT、MRI 等影像胶片。

【注意事项】

1. 喷雾装置每天使用后喷干约 5min，从喷枪中取出轴杆用温水浸泡一夜。喷雾瓶中的混合药液需每日更换，防止喷枪轴杆内部阻塞。

2. 负压吸引装置每次用后务必吸干约 100ml 水，防止杂物阻塞内部。及时清理主负压瓶的污水，瓶内污水不要超过2000ml，否则易损坏电机。

3. 污水瓶用清水清理后加入 100ml 消毒液，用橡胶塞盖紧负压瓶（若不严密则引起负压故障）备用。

鼻咽内窥镜的使用

【目的】

观察鼻咽各壁、软腭背面、鼻中隔后缘、后鼻孔、咽鼓管咽口、咽鼓管圆枕、咽隐窝及腺样体；观察鼻咽黏膜有无充血、粗糙、出血溃疡、隆起及新生物等。

【用物】

鼻内窥镜、光源。

【操作步骤】

1. 体位：患者取坐位或半坐卧位。

2. 1% 或 2% 丁卡因及麻黄碱或 1% 肾上腺素鼻腔黏膜表面麻醉。注意重点麻醉中鼻甲前上端嗅裂、中鼻道、蝶筛隐窝等部位。

3. 一般习惯于由鼻咽部开始，自后向前检查。

4. 用 30° 角内窥镜自鼻腔沿鼻底放入，边放边观察，直到深入鼻中隔后缘。

5. 用转动镜窗观察鼻咽部各壁情况，然后退回到鼻腔再详细观察鼻腔各解剖部位。

6. 检查鼻腔顶部时用 30° 视角镜更好些。

【注意事项】

1. 检查中应按顺序逐一部位进行全面观察，以免漏掉病变，然后对病变部位或可疑病变部位进行重点检查。

2. 注意鼻腔及鼻咽各壁的形态，有无充血、水肿、干燥、萎缩、溃疡、出血，新生物的形态、生长特征、范围、原发部位，分泌物颜色、来源，各鼻窦旁开口及附近的状态及窦口有无分泌物、息肉、新生物等，遇有可疑新生物时应取活检。窦内脓液可吸出做细菌学检查。

3. 检查脑脊液鼻漏时应注意观察鼻顶、鼻咽顶壁、中鼻道各自然开口，咽鼓管口及蝶窦开口有无清水样液体流出。

纤维喉镜的使用

【目的】

对喉部和喉咽部进行检查、活检、息肉摘除、异物取出等手术。

【用物】

纤维喉镜、内窥镜摄录显示及打印系统。

【操作步骤】

1. 患者一般采取仰卧位，也可取坐位。

2. 麻醉

（1）通常成人给予黏膜表面麻醉，常用1%丁卡因或2%利多卡因。在麻药中可加少量肾上腺素以止血和减慢麻药吸收速度，延长麻醉时间。

（2）用喷雾器先喷少许麻药于患者咽中，观察3～5min，看是否有麻药反应，如有变态反应立即停药。一般口咽部喷2次，拉住舌头后，下咽和喉再喷2～3次。

3. 医师站在患者头侧端，右手拿镜体，镜体远侧端涂少许甲基硅油润滑剂，拇指控制操纵柄，左手持镜体远端，自一侧前鼻孔选鼻腔比较宽的一侧慢慢放入鼻腔，边放边看清楚鼻腔结构及病变。

4. 沿鼻底抵达后鼻孔及鼻咽部，穿过鼻咽部向下达口咽和下咽，由远而近地看舌根、会厌、会厌谷、会厌皱、会厌舌面、喉面、会厌结节、假声带、喉室及声带、前联合及声门下、梨状窝。发现病灶后再将视野中心对准病灶。

5. 观察声带运动。嘱患者发“咿”音时可看声带运动。

6. 有些患者鼻腔狭窄，自鼻腔不能通过，可改自口腔中放入。自口腔放入时为防止患者咬坏镜子，在口腔中放一个塑料开口器，纤维喉镜自开口器中间通过。

【注意事项】

1. 检查前要详问病史，除外禁忌证。术前 4 ~6h 禁食、水，向患者解释检查过程、注意事项。

2. 为减少口腔分泌物，术前 30min 皮下注射 0.5mg 阿托品，儿童酌减。有心脏病者以东莨菪碱代替阿托品，因为阿托品会使心跳加快而东莨菪碱则不会。

3. 喷药时先喷舌根部，会厌舌面，然后拉起会厌，喷会厌喉面及声门上和声门下，每次喷药间隔 1 ~2min。

4. 喷药过程中不断观察患者反应，解释喷药后咽部有麻木感，消除患者紧张心理，决不能在麻醉过程中离开患者，以免出现变态反应时不能及时处理或抢救。

5. 鼻腔麻醉时应比较两侧鼻腔，选用鼻腔较宽的一侧进行表面麻醉。

间接喉镜的使用

【目的】

1. 观察喉咽及喉部有无异常，如充血、肿胀、增生、溃疡。

2. 观察声带运动有无障碍，声带有无增厚、结节、息肉。

3. 观察梨状窝有无积液、声门下有无异常等。

【操作步骤】

1. 物品准备

（1）额镜、间接喉镜、立灯、纱布、压舌板。

（2）药品：1% 丁卡因。

2. 操作方法

（1）患者取正坐位，上身微向前倾，检查者坐于患者对面，选择一合适的喉镜。

（2）检查时嘱患者张口，尽量舌外伸，以纱布块裹住舌前部，用左手拇指、中指夹住舌部，食指将上唇推开，无名指和小指托住颏部轻轻加压，受检者头部徐徐前屈或后仰。

（3）对好额镜反光，右手持喉镜，先将镜面在酒精灯上加热至镜面上的水汽消散为止。于检查者手背上试测镜背，需微温不烫方可使用。

（4）将喉镜深入咽部，镜面向下直抵软腭，并将软腭及悬雍垂向后推移，将镜柄托于口角以便固定。

（5）检查者此时将光线对准镜面，左右前后移动喉镜，并嘱患者发“咿—咿”声，使会厌前移于圆镜中，观察喉部的影像及声带的活动度。

【注意事项】

1. 检查前向患者说明检查的目的、步骤及检查时的感觉，以消除其顾虑，并说明在检查时应配合的要点，争取患者的合作。

2. 检查时，如患者紧张不能忍受，可稍事休息，做平静呼吸，再做检查。

3. 咽部感觉敏感、恶心甚剧影响检查时，可喷少量1%丁卡因溶液于咽部。

4. 患者不能伸舌，在不能抓住舌的前部时，可借用压舌板的帮助，切勿强行向下拉舌，以免损伤舌系带。舌背隆起太高者，也须用压舌板。

5. 使用压舌板时不能伸入过深，压迫力量不能过重，以免引起恶心和疼痛感。

6. 间接喉镜加温时应注意温度，以免烫伤。

7. 患者配合不佳时，应细心指导，尽量使检查达到目的。

直接喉镜的使用

【目的】

1. 间接喉镜检查不成功或未能详尽者。

2. 喉部活组织标本采取及直接涂拭喉部分泌物做检查。

3. 喉病的治疗，如良性肿瘤切除术、喉瘢痕性狭窄扩张术、电灼术、局部用药及取出喉和气管内异物等手术。

4. 气管内麻醉或支气管镜检查不宜下管者，可借直接喉镜协助。

【操作步骤】

1. 物品准备

（1）直接喉镜、纱布、喷雾器。

（2）药品：1% 丁卡因。

2. 操作方法

（1）检查前嘱患者禁食。

（2）用 1% 丁卡因向黏膜喷雾或滴入喉腔进行麻醉。

（3）患者取仰卧位，头颈后伸，超出检查台，并固定其头颈部。

（4）检查者左手持镜，放一厚层纱布块保护上列牙齿，以右手食指推开上唇，以免被镜压在牙上受伤。然后将镜沿舌背右侧送入口腔，渐移向中线深入直达舌根。

（5）检查者插入直接喉镜，使口腔和喉腔处于一条直线上，以期窥清喉腔各部。

【注意事项】

1. 操作中动作轻柔，不可粗暴，以免损伤喉腔黏膜发生出血或继发感染，导致不良后果。

2. 行直接喉镜检查时，体位应正确，防止损伤黏膜和牙齿。

3. 使用丁卡因做黏膜表面麻醉，总量不得超过 60mg，并注意观察反应，以防过敏和中毒。使用黏膜麻醉剂的患者，应等麻木感消失后才可进食，以防烫伤及异物伤等。

4. 检查后 2h 内应禁食，以预防呛咳。

5. 在直接喉镜检查时，偶可发生喉痉挛，多因麻醉不够充分、手术操作不细致或受检者情绪紧张所致。一旦发生喉痉挛，应立即停止检查，嘱其做有节律的深呼吸，多能缓解。

超声波震荡仪的使用

【目的】

1. 利用超声微细振荡，能够彻底清洗器械上附着残存的碎屑、污物，从而提高消毒灭菌效果。

2. 延长常用治疗器械的使用寿命。

【操作步骤】

1. 物品准备

（1）超声振荡仪及其排水管、带孔支架、量杯。

（2）加酶清洗剂1瓶。

（3）需要清洗的医疗器械。

（4）尼龙刷1把。

（5）棉布1块。

（6）小容器。

2. 操作方法

（1）用流动水将器械用尼龙刷刷洗干净后放置于带孔支架上，若细小器械放入小容器内。

（2）用量杯向仓内加水到所需量，加入酶清洗剂适量。

（3）将带孔支架或小容器放入仓内，所有器械被水完全浸没。

（4）接通电源，打开控制时间开关到所需时间。

（5）清洗完毕将带孔支架或小容器从仓内取出，用棉布擦干被清洗的器械。

（6）通排水管，打开排水开关将仓内水排出再注入流动水将仓内擦洗干净。

（7）清理用物，拔掉电源插头。

【注意事项】

1. 向仓内注水前先检查排水开关是否在关的方向。

2. 被清洗的器械必须完全浸没于水中。

DENSPLY 超声波洁牙机的使用

【目的】

应用超声波的机械振动，去除牙齿上附着的牙结石及软垢。

【操作步骤】

1. 物品准备

（1）超声波洁牙机及其附属品。

（2）各型工作头。

2. 操作方法

（1）接通电源插头及水路插头。

（2）踏脚开关等水流出后将所需的工作头附件插头插入相应插孔内。

（3）调节频率及水量。

（4）治疗结束后，拔掉电源及水路插头，将洁牙机推回原位。

【注意事项】

1. 插工作头前须等手柄有水流出后方可插入。

2. 使用中工作头应轻轻接触牙结石来回移动，不宜加压过大。

3. 为了延长机器的使用寿命，不宜长时间持续踩踏脚开关。

德国 MELAG23V－S 级真空高温高压蒸汽灭菌器的使用

【目的】

避免交叉感染。

【操作步骤】

1. 物品准备

（1）德国 MELAG23V－S 级真空高温高压蒸汽灭菌器。

（2）带孔托盘和托盘架、取盘器。

（3）被灭菌的物品或器械。

（4）蒸馏水或软化水。

2. 操作方法

（1）打开注水仓盖，向仓内右边注入蒸馏水或软化水，同时排空仓内左边的回流水。

（2）接通电源插头，打开电源开关，显示屏显示“please wait door release”字样，提示等待 5s 后设备进入预备状态。

（3）将被消毒器械及物品置于带孔托盘上，装入灭菌器仓内。

（4）向灭菌器方向推门，同时向下滑动门把手，显示屏将显示“door closed”字样，表示门已经关好。

（5）根据待灭菌物物理属性和包装类型来选择相应程序，按“program selection”键浏览可选程序。

（6）按下“start－stop”键一次，所选程序便出现在显示屏上，快速程序运行之初显示“warning：only unwrapped instruments”，表示该程序仅用于非包装器械的消毒。显示类似信息之后，再按一次“start”键则程序继续运行，运行之后“进程”自动显示在显示屏上。

（7）灭菌结束时，显示屏显示“open door please”之后，向灭菌器方向推门同时向上推动门把手将门打开，用取盘器取出带孔托盘后将无菌物品放入无菌容器内保存待用。

（8）将带孔托盘放入仓内，关掉电源开关，拔掉电源插头。

【注意事项】

1. 当灭菌气门打开时，蒸汽会逸出，取无菌物品时小心烫伤。

2. 混合灭菌时，织物、包装袋和器械按由下到上的放置顺序是器械、包装袋和织物，且物品之间尽量不要接触，也不要触及灭菌器内壁。

3. 最大装载量：器械5kg或织物2.5kg。

4. 灭菌/烘干过程中断时，5s内连续按2次“start－stop”键。

SM－RCM－1根管长度测定器的使用

【目的】

为了能够正确地测定根管长度。

【操作步骤】

1. 物品准备

（1）SM－RCM－1根管长度测定器及其附属品。

（2）根管针。

2. 操作方法

（1）将测试线插头要完全插入主机右边的测试管插口。

（2）按下总开关然后检查液晶显示器上的屏面数值是否显示出来及根管狭窄指示线是否在闪亮。

（3）将根管针支架（灰色）的插头插入测试线的插口（灰色）使之连接起，把测试线插口（白色）与口角拉钩连接起来，然后挂在嘴角上。

（4）用根管针支架夹住根管针的金属部分，然后把根管针插入要测定的牙齿中。

（5）把根管针一直推到刻度表显示在0.5位置，在这位置，用橡胶游标在牙的边缘固定下来，这时根管针已达根尖附近。

（6）操作完毕，按下总开关，关闭根管长度测定器。

【注意事项】

1. 用根管针支架夹住根管针时，要夹住金属部分的上部，请不要夹住刀口的移动部分及刀口。

2. 插入或拔出测试线时，不要握住电线部分用力拉。

3. 不要将本机掉在地上，不要撞击。

4. 换电池时，不要把新电池和旧电池混合使用。

附录　常用临床检验参考值

类别	检验项目		参考值
一、临床检验	血常规	红细胞计数(RBC)	男$(4.0\sim5.5)\times10^{12}$/L　女$(3.5\sim5.0)\times10^{12}$/L
		血红蛋白(HGB)	男 120～160g/L　女 110～150g/L
		血细胞比容(HCT)	男 0.40～0.54　女 0.37～0.47
		红细胞平均指数(MCV MCH MCHC)	MCV 80～100fl　MCH 27～34pg　MCHC 320～360g/L
		红细胞体积分布宽度(RDW)	11.6%～14.6%
		网织红细胞计数(RET)	0.8%～2.0%
		白细胞计数(WBC)	$(4\sim10)\times10^{9}$/L
		白细胞分类计数	
		中性粒细胞	50%～70%
		嗜酸性粒细胞	0.5%～5%
		嗜碱性粒细胞	0%～1%
		淋巴细胞	20%～40%
		单核细胞	3%～8%
		血小板计数(PLT)	$(100\sim300)\times10^{9}$/L
		血小板比积(PCT)	男:1.018～0.272　女:0.114～0.282

续表

类别	检验项目		参考值
一、临床检验	血常规	血小板平均体积(MPV)	6.8～13.5fl
		血小板体积分布宽度(PDW)	15.5%～18.1%
	血沉	红细胞沉降率(ESR)	男 0～15mm/h　　女 0～20mm/h
	脑脊液	脑脊液外观检查	无色、清晰透明、无凝块和絮状沉淀
		脑脊液细胞计数	无红细胞,细胞总数(0～8)×10^6/L, 淋巴细胞＞80%
	胃液常规检查		空腹胃液20～100ml,无色,无食物颗粒。可见酵母菌、鳞状上皮细胞,偶见白细胞,无红细胞。pH1.3～1.8, BAO为2～5mmol/h;　MAO为15～20mmol/h
	痰液常规检查		呈无色或灰白色,浆液性黏稠,可见少数白细胞和上皮细胞
二、临床血液学检验	出血时间(BT)		6.9min±2.1min
	血块收缩试验(CRT)		血浆法:40%以上 定量法:48%～64%
	全血凝固时间(CT)		试管法:4～12min 硅化法:15～30min 塑料试管法:10～19min
	活化凝血时间(ACT)		1.70min±0.76min

续 表

类别	检验项目	参考值
二、临床血液学检验	血浆凝血酶原时间(PT)	男:11 ~ 13. 7s 女:11 ~ 14. 3s
	活化部分凝血活酶时间(APTT)	男:37s ±3. 3s 女:37. 5s ±2. 8s
	凝血酶—抗凝血酶复合物测定(TAT)	TAT 1. 0 ~4. 1μg/L,平均为 1. 5μg/L
	血浆肝素浓度测定	正常人用本法测肝素为 0,根据抗凝治疗的强度不同,本监测值有相应变化,本法检测肝素范围是 0 ~0. 8U/ml
	血浆纤维蛋白(原)降解产物定性试验(FDP)	<5mg/L
	D - 二聚体定量试验(D - D)	0 ~0. 256mg/L
	D - 二聚体定性试验(D - D)	正常人为阴性
三、临床化学检验	空腹血糖(FPG)	3. 9 ~5. 7mmol/L
	餐后 2h 血糖(2hPG)	4. 0 ~8. 9mmol/L
	口服葡萄糖耐量(OGTT)	空腹血糖参考值同上,30 ~60min 到达峰值,但低于 8. 9 mmol/L ,120min 恢复正常
	糖化血红蛋白(GHb)	按 GHb 占血红蛋白的百分比计算。微柱法 4. 1% ~6. 8%
	糖化血清蛋白	1. 65 ~2. 15mmol/L

续 表

类别	检验项目		参考值
三、临床化学检验	胰岛素		2～25μIU/ml
	血清总蛋白(TP)		60～85g/L
	血清白蛋白(ALB)		35～55g/L
	球蛋白(GLB)		20.0～30.0g/L
	清蛋白/球蛋白(A/G)		1.5～2.5
	前白蛋白(PA)		250～400mg/L
	血脂	总胆固醇(T. CHOL)	2.8～5.9mmol/L
		血清甘油三酯(TG)	0.40～1.69mmol/L
		高密度脂蛋白胆固醇(HDL－C)	1.0～2.0mmol/L
		低密度脂蛋白胆固醇(LDL－C)	0～4.0mmol/L
		载脂蛋白 A(APO A)	1.0～2.0g/L
		载脂蛋白 B(APO B)	0.6～1.2g/L
		脂蛋白(α)[LP(α)]	0～300mg/L
	肾功能	β_2－微球蛋白(β_2－M)	0.8～2.4mg/L
		尿素(Urea)	1.7～7.1mmol/L

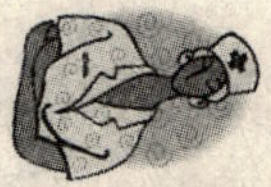

续表

类别	检验项目		参考值
三、临床化学检验	肾功能	肌酐(Crea)	0～136μmol/L
		尿酸(UA)	男 149～416μmol/L 女 89～357μmol/L
	电解质	钠(Na)	135～145mmol/L
		钾(K)	3.5～5.5mmol/L
		氯(Cl)	98～110mmol/L
		钙(Ca)	2.12～2.75mmol/L
		磷(P)	0.8～1.6mmol/L
		镁(Mg)	0.7～1.1mmol/L
		二氧化碳(CO_2)	20～30mmol/L
	铜(Cu)		10.1～23.5μg/L
	锌(Zn)		9.0～20.7μmol/L
	铁(Fe)		9.0～30.0μmol/L
	总铁结合力(TIBC)		50.0～77.0μmol/L
	肝功能	总胆红素(T. BIL)	0～17.1U/L

续表

类别		检验项目	参考值
三、临床化学检验	肝功能	直接胆红素(D. BIL)	0～7. 0U/L
		谷丙转氨酶(ALT)	0～40U/L
		谷草转氨酶(AST)	0～40U/L
		碱性磷酸酶(ALP)	30～120U/L
		谷氨酰转肽酶(r－GT)	0～50U/L
		血清总蛋白(TP)	60～85g/L
		血清白蛋白(ALB)	35～55g/L
		球蛋白(GLB)	20. 0～30. 0g/L
		白蛋白/球蛋白(A/G)	1. 5～2. 5
		胆汁酸(TBA)	0～10U/L
		胆碱酯酶(CHE)	180～416U/L
		腺苷脱氨酶(ADA)	0～10U/L
		单胺氧化酶(MAO)	0～10U/L
	心肌酶	肌酸激酶(CK)	25～192U/L

续 表

类别	检验项目		参考值
三、临床化学检验	心肌酶	肌酸激酶同工酶	CK－MM(骨骼肌来源):97%～100% CK－MB(心肌来源):0～3% CK－BB(脑来源):0
		乳酸脱氢酶(LDH)	80～240U/L
		C 反应蛋白(CRP)	0～0. 8g/L
		α－羟丁酸脱氢酶	72～182U/L
		β－羟丁酸脱氢酶(β－HBDH)	95～250U/L
	脂肪酶(LPS)		0～54U/L
	淀粉酶(AMY)		0～100U/L
	血氨(NH_3)		0～72μmol/L
	肌钙蛋白 I(cTnI)		0～0. 8μg/L
	肌红蛋白(MB)		0～70 μg /L
	胆固醇酯(CE)		2. 1～4. 1mmol/L
	磷脂(SP)		1. 7～3. 2mmol/L

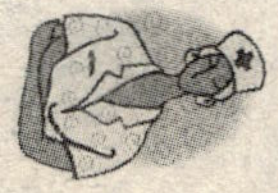

续 表

类别	检验项目		参考值
三、临床化学检验	游离脂肪酸(FFA)		0.15~0.65mmol/L
	血浆纤维蛋白原(FG)		2.0~4.0g/L
	脑脊液总蛋白		0.2~0.4g/L
	胆碱酯酶(CHE)		180~416U/L
	血气	酸碱度(pH)	7.35~7.45。<7.35为酸血症，>7.45为碱血症
		二氧化碳分压(PCO_2)	4.7~6.0kPa(35~45mmHg)×0.03即为H_2CO_3含量
		二氧化碳总量(TCO_2)	3.2~4.3kPa(24~32mmHg)，代谢性酸中毒时明显下降，碱中毒时明显上升
		氧分压(PO_2)	10.6~13.3kPa(80~100mmHg)。低于7.3kPa(55mmHg)即有呼吸衰竭，<4.0kPa(30mmHg)可有生命危险
		氧饱和度($SatO_2$)	3.5kPa(27mmHg)
		实际碳酸氢根(AB)	2.8~3.6kPa(21~27mmHg)，标准碳酸氢根(SB)参考值21.3~24.8mmol/L。二者正常为酸碱平衡正常。二者皆低为代谢性酸中毒(未代偿)，二者皆高为代谢性碱中毒(未代偿)，AB>SB为呼吸性酸中毒，AB<SB为呼吸性碱中毒
		剩余碱(BE)	参考值-3~+3mmol/L，正值指示增加，负值为降低
		阴离子隙(AG)	参考值8~16mmol/L，是早期发现混合性酸碱中毒重要指标

续 表

类别	检验项目		参 考 值
四、临床免疫学检验	甲型肝炎病毒抗体(抗 - HAV)		阴性,当出现抗 - HAV - IgM 阳性结果时,表明患者为 HAV 近期感染
	乙肝五项	乙型肝炎病毒表面抗原(HBsAg)	阴性
		乙型肝炎病毒表面抗体(抗 - HBs)	阴性
		乙型肝炎病毒 e 抗原(HBeAg)	阴性
		乙型肝炎病毒 e 抗体(抗 - HBe)	阴性
		乙型肝炎病毒核心抗体(抗 - HBc)	阴性
	丙型肝炎病毒抗体(抗 - HCV)		阴性
	丁型肝炎病毒抗体(抗 - HDV)		阴性
	戊型肝炎病毒抗体(抗 - HEV)		阴性
	人类免疫缺陷病毒抗体(抗 - HIV)		阴性
	梅毒螺旋体非特异反应素测定		阴性
	免疫球蛋白 G(IgG)		比浊法　血:6 ~ 16g/L　CSF:10 ~ 60mg/L
	免疫球蛋白 A(IgA)		比浊法　血:0.6 ~ 3.3g/L　CSF:1 ~ 6mg/L

续　表

类别	检验项目	参　考　值
四、临床免疫学检验	免疫球蛋白 M(IgM)	比浊法　血：0.5～2.3g/L　CSF：0mg/L
	补体 C_3(C_3)	0.85～1.93g/L
	补体 C_4(C_4)	0.12～0.36g/L
	类风湿因子(RHF)	0～30U/ml
	抗链球菌溶血素 O(ASO)	0～240U/ml
	C 反应蛋白(CRP)	0～0.8g/L
	前白蛋白(PAB)	0.17～0.42g/L
	甲胎蛋白(AFP)	0～15ng/ml
	癌胚抗原(CEA)	0～5.0ng/ml
	半定量乙肝五项	HBsAg 1.0～2.0 S/N AUSAB 1.0～10.0 mIU/ml HBeAg <1.0 S/CO Anti－HBe >1.0 S/CO CORE >1.0 S/CO
	三碘甲状腺原氨酸(T_3)	T_3：0.69～2.36nmol/L

续 表

类别	检验项目	参 考 值
四、临床免疫学检验	甲状腺素(T_4)	T_4:58.01～154.80nmol/L
	促甲状腺激素(TSH)	放免法:0.4～4.8mU/L
	甲状旁腺素(PTH)	放免法:8～24ng/L
	降钙素(CT)	放免法:血<50.0ng/L 尿<1.0ng/L
	醛固酮(ALD)	50～175pg/ml
	抗核抗体(ANA)	阴性

参 考 文 献

1. 杨辉，杜永成，王斌全．临床系统化整体护理常规．北京：人民卫生出版社，2002

2. 姜泗长．手术学全集·耳鼻喉科卷．北京：人民军医出版社，1994

3. 黄选兆，王吉宝．实用耳鼻咽喉科学．北京：人民卫生出版社，1998

4. 任重．眼耳鼻咽喉口腔科护理学．北京：人民卫生出版社，2002

5. 田勇泉．耳鼻咽喉—头颈外科学．北京：人民卫生出版社，2004

6. 刘兆华．现代喉外科学．北京：军事医学科学出版社，2001

7. 田勇泉．耳鼻咽喉科学．北京：人民卫生出版社，2002

8. 卜行宽．耳鼻咽喉科查房手册．南京：江苏科学技术出版社，2004

9. 路虹，李晓明．耳科学基础与临床．石家庄：河北科学技术出版社，2007

10. 吴慧云．眼耳鼻咽喉和口腔科护理学．北京：人民卫生出版社，2004

11. 张龙禄．五官科护理学．北京：人民卫生出版社，2000

12. 覃峰．五官科临床护理质量安全控制规范与现代护理技术标准工作手册．北京：卫生科技出版社，2007

13. 李淑迦．临床技术操作规范护理分册．北京：人民军医出版社，2006

14. 秦力．专科护理技术操作培训教材．北京：解放军出版社，2001

15. 杨辉，杜永成等．临床系统化整体护理常规．北京：人民卫生出版社，2002

16. 邱蔚六．口腔颌面外科学．第 5 版．北京：人民卫生出版社，2003

17. 赵佛容．口腔护理学．上海：复旦大学出版社，2004